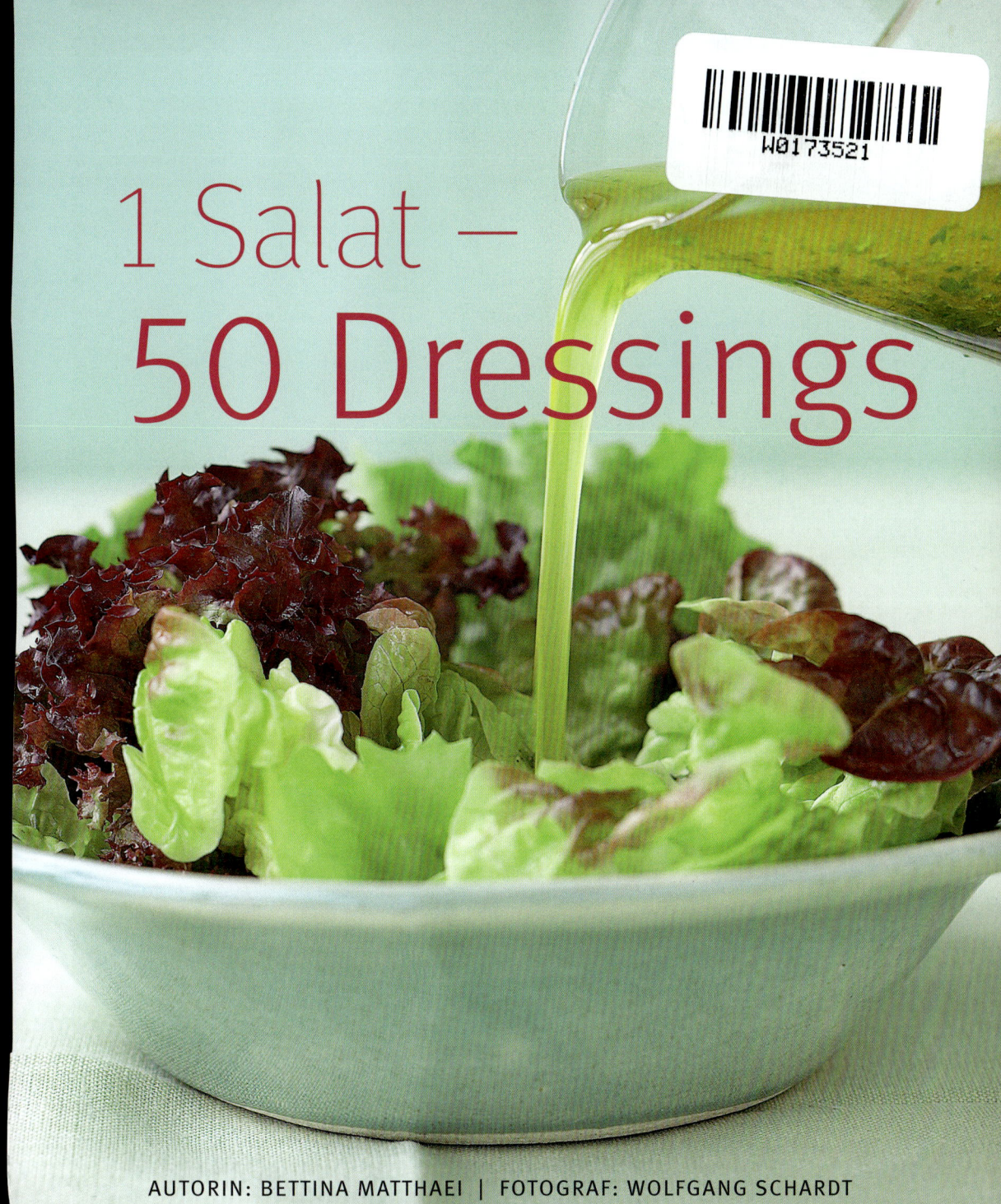

1 Salat –
50 Dressings

AUTORIN: BETTINA MATTHAEI | FOTOGRAF: WOLFGANG SCHARDT

Praxistipps

Extra

Rezepte

Genuss-Partner gesucht!

Vielfalt oder Verwirrspiel?

Das Angebot der Supermärkte und Gemüsehändler ist beeindruckend: 15 und mehr Sorten Blattsalat, mindestens ebenso viele Kräuter und noch einmal so viele Salatgemüse stehen zur Auswahl. Diese vielen Zutaten miteinander zu kombinieren, ergibt nahezu unzählige Variationsmöglichkeiten. Dazu ausgesuchte Gewürze, Kräuter, edle Salze und raffinierte »Scharfmacher«, die jeden Salat zu einer einzigartigen Kreation machen. So wird ein Dressing orientalisch würzig-scharf mit Harissa aus der Tube, einer feurig scharfen Paste aus Chilischoten, Knoblauch, Olivenöl und Cumin. Frischpikant und von mittlerer Schärfe sind die kleinen länglich-rundlichen Jalapeño-Schoten. Die unreif geernteten, noch grünen Chilischoten bekommt man mit etwas Glück auf dem Markt.

Chili Ancho und Chili Pasilla (Bild 1) sind eine attraktive Variante zu Cayennepfeffer. Beide gibt es in Gewürzläden oder im Internet. Chili Ancho ist ein bräunliches Chilipulver, das mild und schokoladig schmeckt. Das rötlich bräunliche Chili Pasilla ist schärfer und süßlich-fruchtig. Chiliflakes sind getrocknete, zerkleinerte Chilischoten ohne die scharfen Kerne.

Die asiatische Shisokresse (oder Shisoblatt) ist mit Minze und Salbei verwandt, hat einen angenehmen Duft, passt zu vielen Salaten und ist im Asia-Laden erhältlich. Grüne und rote Daikonkresse (Bild 2) hat einen rettichartigen, scharfen Geschmack und wird wie andere Kressesorten roh über den Salat gestreut. Lemon Myrtle stammt aus Australien. Es sind getrocknete, zerkleinerte grüne Blätter mit einem intensiven Zitronenaroma. Es kann durch fein abgeriebene Schale von einer Bio-Zitrone ersetzt werden.

Ein Salat aus besonders feinen Zutaten braucht ein edles Salz, beispielsweise Fleur de Sel, die »Blume des Salzes«, das an der Wasseroberfläche entsteht und von Hand geschöpft wird.

Tellicherry-Pfeffer ist ein schwarzer »Spätlese-Pfeffer«, der reif geerntet und sonnengetrocknet wird, wodurch er besonders aromatisch ist. Grüner getrockneter Pfeffer ist unreif geerntet und heißluftgetrocknet. Er schmeckt frisch-grasig, hat eine leichte Schärfe und lässt sich leicht im Mörser zerreiben. Gegenüber dem eingelegten grünen Pfeffer hat er den Vorteil, dass er nicht nach dem Essig aus der Einlegeflüssigkeit schmeckt (Bild 3).

Selbst gemixt ist einfach besser

Bei der Vielfalt an Salaten und Dressings stellt sich die Frage, welches Dressing passt zu welchem Salat? Mit welcher Kombination erreicht man das beste Geschmackserlebnis?

Wem das Angebot zu unüberschaubar ist, der greift schon mal zum vorgeschnippelten Salatmix und dem Fertigdressing aus der Flasche. Das mag praktisch sein, wenn es schnell gehen soll. Aber so richtig taufrisch sind die Salatblattschnipsel nicht. Außerdem: Möchten Sie nicht wissen, was Sie über Ihren Salat gießen? Stabilisatoren, Emulgatoren, Antioxidanzien und zugesetzte Aromen? Lieber nicht. Selbst wenn Ihnen das Fertigdressing schmecken sollte – auf die Dauer wird es langweilig, jeden Tag denselben Geschmack auf der Zunge zu spüren.

Bei allen selbst gemixten Dressings in diesem Buch ist Abwechslung und Geschmacksvielfalt garantiert! Auch für Eilige ist viel dabei. Eine gute Vinaigrette ist beispielsweise in wenigen Minuten gerührt, und Sie wissen ganz genau, was in ihr steckt! Auch die Vorbereitung vieler Salatsorten braucht nicht viel Zeit: Eisbergsalat, Mini-Romanasalat, Chicorée oder Radicchio sind im Handumdrehen geputzt und zerrupft. Dem schnellen Salatgenuss steht also nichts im Wege. Und wer einmal auf den Geschmack gekommen ist, der wagt sich auch bald an etwas aufwendigere Rezepte heran.

Feine Verbindungen

In jedem der Dressings verbinden sich aromatische Zutaten zu einem kleinen Gesamtkunstwerk. Saure, süße, herbe und salzige Elemente sind harmonisch aufeinander abgestimmt. Schärfe setzt raffinierte Akzente. Die richtige Mischtechnik sorgt besonders bei Mayonnaisen und Vinaigrettes für geschmeidig-cremige Emulsionen. Für alle Dressings gilt: Gut gerührt und fein verbunden, so haftet das Dressing besser am Salat und garantiert höchsten Genuss bei jedem Bissen.

Bleibt nur noch die Frage: Wer mit wem? Welcher Salat passt am besten zu welchem Dressing? Oder welches Dressing harmoniert gut mit welcher Salatsorte? Damit Sie optimal kombinieren können, sollten Sie den Grundgeschmack der Salatsorten gut kennen und wissen, welche Geschmacksrichtungen sich ergänzen und gegenseitig steigern können. Wer sich nicht sicher ist, bekommt an dieser Stelle ein paar Tipps an die Hand:

> Pfeffrig-scharfe Salate wie Rucola oder Brunnenkresse brauchen ein sanftes Dressing.

> Bitter-herbe Salate wie Endivien oder Radicchio vertragen ein kräftiges, gehaltvolles Dressing, beispielsweise eine Vinaigrette mit Walnuss- oder Kürbiskernöl.

> Zu sanft schmeckenden Salaten mit leichter Struktur wie Kopfsalat und Eichblattsalat passen leichte Dressings auf der Basis von Joghurt, Crème fraîche oder Fruchtpürees.

> Feines Blattwerk mit kräftigem Geschmack wie Feldsalat wird perfekt ergänzt mit einer geschmacklich kraftvollen, aber nicht zu schweren Vinaigrette mit Nussöl.

> Wurzelgemüse und derbere Blattsalate wie Romanasalat vertragen üppige Saucen mit Mayonnaise oder Käse oder auch sehr kraftvolle und säurebetonte Vinaigrettes.

Da haben wir den Salat!

Für die feinen Dressings stellen sich geschmacklich passende Salat-Partner vor – von mild über süßlich bis herzhaft und herb ist alles dabei.

Kopfsalat & Eisbergsalat Kopfsalat ist mild im Geschmack und zart im Biss. Ein Leckerbissen sind die süßlich-zarten, hellgrünen Salatherzen. Eisbergsalat, ein Verwandter des Kopfsalates, ist ganz besonders knackig und neutral im Geschmack.

Batavia grün & Batavia rot Die Blätter sind knackiger als Kopfsalatblätter, aber nicht so fest wie die vom Eisbergsalat. Beide schmecken herzhafter als Kopf- und Eisbergsalat.

Romanasalat & Mini-Romana Sie sind knackig und aromatisch. Die äußeren dunkelgrünen Blätter haben etwas derbe Blattrippen, die man entfernen kann. Die inneren Blätter sind hellgrün und zarter. Besonders knackig und fein in der Struktur sind die Herzen des Mini-Romanasalats. Man kann sie längs halbieren und mit Dressing beträufeln.

Lollo rosso & Lollo biondo Die gekräuselten rötlichen oder grünen Blätter sind dekorativ in Salat-Bouquets und machen angemacht nicht so schnell schlapp. Sie schmecken würzig und leicht herb.

Chicorée, Endivien & Frisée Alle drei Sorten gehören zur Familie der Zichorien. Chicorée wächst in fest geschlossenen »Sprossen«. Sein ursprünglich bitterer Geschmack wurde weitgehend weggezüchtet. Die Blätter sind fest, knackig und perfekt zum Dippen. »Treviso« ist eine rötliche Zuchtform. Endivien und Frisée sind eng verwandt. Endivien schmecken herzhaft-würzig und angenehm bitter. Der zart gefiederte Frisée schmeckt milder. Seine hellgrünen inneren Blätter machen sich gut in gemischten Salaten und als Dekoration.

Radicchio & Castelfranco Der kräftig-herb bis bitter schmeckende weinrote oder violettrote Radicchio mit den weißen Blattrippen stammt auch aus der Familie der Zichorien. Er wird in kleinen, festen Köpfen gezüchtet. Radicchio wird gerne mit milderen Salaten gemischt. Castelfranco, eine locker wachsende Zuchtform des Radicchio hat dekorative weißlich grüne Blätter mit dunkelroten Sprenkeln und schmeckt viel milder.

Rucola Die länglich-schmalen, gezackten dunkelgrünen Blätter schmecken kräftig, herb-nussig, scharf und leicht säuerlich. Rucola verträgt sich gut mit Tomaten und Parmesan. Mit seinem intensiven, typischen Geschmack peppt er Salatmischungen auf. Ältere dunkelgrüne Blätter schmecken besonders kräftig und eignen sich zur Zubereitung von Pestos.

Eichblattsalat Die dunkelgrünen bis rotbraunen weichen Blätter welken schnell und sollten gleich nach dem Anmachen gegessen werden. Sie schmecken leicht nussig.

Feldsalat Die kleinen, weichen dunkelgrünen Blätter wachsen in »Sträußchen«, die in einer Wurzel enden. Ihr nussiger, leicht herber Geschmack harmoniert mit Speckwürfeln und Croûtons. Feldsalat hat im Herbst und Winter Saison und muss gründlich gewaschen werden.

Kopfsalat

Batavia

Romanasalat

Lollo rosso

Chicorée, Endivien und Frisée

Radicchio

Rucola

Eichblattsalat

Feldsalat

Der Salat bekommt Gesellschaft

Ob roh, gedünstet oder gegrillt – Gemüse bietet Extra-Geschmack und macht mit einem perfekten Dressing aus Blattsalaten ganze Mahlzeiten.

Knollen & Wurzelgemüse Alles, was als Knolle oder Wurzel aus der Erde kommt, bringt viel Geschmack an den Salat: Rote Beten sind süßlich und etwas erdig. Knollensellerie und Pastinaken sind nussig-würzig und Möhren süßlich-mild. Alle sind roh oder gekocht genießbar. Rettich und Radieschen, am besten roh, schmecken frisch-saftig und scharf. Kartoffeln sind botanisch gesehen zwar Nachtschattengewächse, aber als typische »Knollen« beliebt in vielen Salaten!

Fruchtgemüse Gurke und Tomate sind die wichtigsten Vertreter. Gurken kommen geschält und entkernt in den Salat. Nur reife Tomaten entwickeln ihr volles Aroma und den süß-säuerlichen Geschmack. Avocados mit ihrem mild-nussigen Geschmack passen zu kräftigen Blattsalaten. Paprikaschoten schmecken roh, sind aber geschält oder gegrillt und gehäutet bekömmlicher. Zucchini schmecken mild-nussig und eignen sich zum Braten, Dünsten, Grillen und als Rohkost. Auberginen sind roh ungenießbar, gegrillt oder gebacken einfach köstlich. Zuckerschoten werden blanchiert und in Eiswasser abgeschreckt, damit sie knackig-süß bleiben und ihre Farbe behalten.

Kohlgemüse Weißkohl, Rotkohl, Spitzkohl, Wirsing und Chinakohl schmecken nicht nur gegart, sondern auch roh geraspelt: Weißkohl hat eine senfartige Schärfe, Rotkohl schmeckt süßlicher. Spitzkohl und Wirsing ähneln dem Weißkohl und schmecken milder. Wichtig: Den Kohl hauchfein hobeln, damit die feste Struktur aufgebrochen wird.

Chinakohl ist ein Kohlgewächs, hat aber Blätter, die eher an Salat erinnern.
Gedämpfte Blumenkohl- und Brokkoliröschen schmecken fein als Salat. Aus fein geriebenem Blumenkohl wird auch eine leckere Rohkost.

Zwiebelgemüse Alle Zwiebelsorten schmecken würzig und scharf. Besonders intensiv scharf sind die gelben Zwiebeln. Rote Zwiebeln sind milder, dabei aromatischer, und weiße Zwiebeln sind ebenfalls milder. Am edelsten sind die kleinen weißen oder rötlichen Schalotten. Frische Frühlingszwiebeln erinnern an Schnittlauch.

Stängelgemüse Staudensellerie ist ein typischer Vertreter, er schmeckt frisch und hat ein zartes Selleriearoma. Die ganzen Stangen sind ideal zum Dippen, in Salate kommt er in dünnen Scheiben, und klein gewürfelt ist er ein guter Zwiebel-Ersatz. Spargel wird in Wasser gekocht, gedämpft oder gedünstet. Er schmeckt auch roh in dünnen Scheiben oder gebraten. Weißer Spargel wird kurz blanchiert und in Öl und Butter gebraten. Grünen Spargel kann man roh braten. Fenchel schmeckt süßlich und anisartig, aber auch gedünstet oder roh in dünne Scheiben gehobelt.

Kräuter Sie bringen Frische, Farbe, Würze und Aroma an den Salat: pfeffrig-würzige Petersilie, fein-zarter Kerbel, frisch-scharfer Schnittlauch und Schnittknoblauch, senfartig scharfe Kresse, herb-aromatischer Thymian, süßlich-frischer Dill, aromatisches Koriandergrün, anisartiger Estragon.

Knollen & Wurzelgemüse

Fruchtgemüse

Kohlgemüse

Zwiebelgemüse

Stängelgemüse

Kräuter

Alles über Vinaigrette

Für eine einfache Vinaigrette wird ein Teil Essig beziehungsweise frisch gepresster Zitronen- oder Limettensaft mit drei Teilen Öl gemischt.

Grundrezept Kräuter-Vinaigrette

1 Schalotte (nach Belieben)
2 EL Weißweinessig
½ TL Salz | ½ TL Zucker
1 TL Senf
2 EL Brühe
5 EL Olivenöl
schwarzer Pfeffer aus der Mühle
½–1 Bund Petersilie (oder Estragon, Kerbel u. a.)

Für 4 Personen | ⏲ 15 Min. Zubereitung
Pro Portion ca. 120 kcal, 0 g EW, 13 g F, 1 g KH

1 Die Schalotte nach Belieben schälen und sehr fein würfeln (Bild 1). Den Essig mit Salz und Zucker verrühren, bis sich beides gelöst hat. Erst den Senf, dann die Brühe unterrühren.

2 Das Olivenöl nach und nach in einem dünnen Strahl unterschlagen, bis sich alles gut verbindet und eine stabile Emulsion entstanden ist (Bild 2). Mit Pfeffer würzen, die Schalottenwürfel untermischen.

3 Die Petersilie waschen, gründlich trocken tupfen und sehr fein hacken. Erst kurz vor dem Servieren unter die Vinaigrette mischen (Bild 3).

Klassische Vinaigrette

2 EL Essig oder Zitronensaft mit ½ TL Salz verrühren, bis es sich gelöst hat. 1 TL Senf unterrühren. 6 El Öl, beispielsweise Olivenöl, unter Rühren erst tropfenweise, dann in einem dünnen Strahl dazugeben und unterschlagen, bis sich alles gut verbindet. Mit ½ TL frisch gemahlenem Pfeffer würzen.

SPEED-TIPP

Alle Zutaten in einem Schraubglas kräftig schütteln. Bei der von Hand gerührten Vinaigrette verbinden sich die Zutaten optimal, das Dressing wird homogener, cremiger und haftet besser an den Salatblättern.

Geschmacksgeber Essig

So vielfältig wie das Angebot an Essigen, so unterschiedlich sind sie in Geschmack und Intensität. Feine Fruchtessige enthalten weniger Säure als ein kräftiger Rotweinessig. Der zunehmend beliebte Aceto balsamico schmeckt nicht nur säuerlich, sondern gleichzeitig etwas süßlich. Man kann auch sehr gut zwei Sorten Essig in eine Vinaigrette geben, beispielsweise Aceto balsamico und Weißweinessig.

Die Essigmenge richtet sich immer nach dem Säuregehalt: Von einem kräftigen Weinessig braucht man weniger als von einem milden Reisessig. Auch der Senf enthält Essig, der einerseits den Geschmack des Dressings beeinflusst und andererseits die Rolle des Emulgators übernimmt und dafür sorgt, dass sich Essig und Öl gut miteinander verbinden.

Wer es nicht so säuerlich mag, kann auch ein Teil Essig mit vier Teilen Öl mischen. Und wer es kräftig sauer liebt, nimmt zwei Teile Essig und fünf Teile Öl.

Ausgleichen der Säure

Um eine geschmacklich ausgewogene Vinaigrette zu bekommen, wird häufig noch etwas Süßes, zum Beispiel Zucker, zugegeben, der zusammen mit dem Salz zuerst mit dem Essig verrührt wird, damit sie sich lösen können. Alternativ kann man etwas Honig, Ahornsirup oder Apfeldicksaft nehmen, die wie Senf als Emulgatoren wirken und für eine bessere Bindung der Zutaten sorgen.

Hauptbestandteil Öl

Damit die Vinaigrette rund und harmonisch wird, muss das Öl sorgfältig gewählt und auf den Essig abgestimmt sein. Ein kräftiger, intensiver Essig sollte besser nicht mit einem ausdrucksstarken, möglicherweise sehr herben Olivenöl kombiniert werden, sondern mit einem milden, geschmacklich neutraleren Öl. Ein charakterstarkes Öl harmoniert besser mit einem eher zurückhaltenden Essig, z. B. mit einem feinen Weißweinessig oder mit Zitronensaft.

Mehr Leichtigkeit

Die Zugabe von Brühe in einer Vinaigrette gleicht ebenfalls die Säure aus. Gleichzeitig lässt sich damit der Öl-Anteil verringern, sodass die Vinaigrette kalorienärmer ist und zudem eine besonders würzige Note erhält.

Mehr Fruchtigkeit

Der Essig lässt sich ganz oder teilweise durch Fruchtsäfte ersetzen, vor allem durch Apfel- oder Orangensaft, aber auch Ananas- oder Traubensaft. Werden diese Säfte zuerst durch Einkochen reduziert, wird der Fruchtgeschmack umso intensiver und süßlicher. Fruchtiger Geschmack lässt sich zusätzlich durch fein abgeriebene Schale von unbehandelten Zitrusfrüchten erreichen.

Mehr Cremigkeit

In eine klassische Vinaigrette können Sie Sahne, Crème fraîche, Schmand oder saure Sahne rühren.

Alles über Mayonnaise

Mayonnaisen sind eine Emulsion aus Eigelb und Öl. Das einfache Grundrezept lässt sich vielfältig mit wenigen Zutaten abwandeln.

Grundrezept Mayonnaise mit Eigelb

1–2 frische Eigelbe
1 ½ TL Dijonsenf
175 ml neutrales Öl (z. B. Sonnenblumenkernöl)
1 TL Zitronensaft
Salz
weißer oder schwarzer Pfeffer aus der Mühle

Für 4 Personen | ⊙ 10 Min. Zubereitung
Pro Portion ca. 430 kcal, 2 g EW, 47 g F, 0 g KH

1 Eigelbe und Senf in einer Schüssel mit dem Schneebesen oder in einem hohen Becher mit dem Pürierstab glatt verrühren (Bild 1). Die Hälfte des Öls tropfenweise zugeben und so lange rühren, bis sich alles gut verbunden hat. Das restliche Öl unter ständigem Rühren in einem dünnen Strahl unterschlagen (Bild 2).

2 Den Zitronensaft unter die Mayonnaise rühren, mit Salz und Pfeffer abschmecken (Bild 3).

GUT ZU WISSEN

Diese Mayonnaise hat eine mittlere Festigkeit und ist damit eine ideale Basis für Saucen mit cremigen oder halbflüssigen Zutaten wie Joghurt oder Crème fraîche.

CREMIGE VARIANTE

Die Mayonnaise nur mit 125–150 ml Öl zubereiten. Diese cremige Variante ist besonders gut geeignet für kleinere und kalorienärmere Portionen oder zum Kombinieren der Mayonnaise mit festeren Zutaten wie Thunfisch, Quark oder gehackten Kräutern.

FESTERE VARIANTE

Die Mayonnaise mit 200–250 ml Öl zubereiten. Diese festere Variante ist eine gute Basis für festere Dips wie Aioli oder zum Mischen mit eher flüssigen Zutaten wie Ketchup oder Essig.

VARIANTE – MAYONNAISE MIT EIGELB UND EIWEISS

1 ganzes Ei mit 1 ½ TL Senf glatt rühren. 150 ml neutrales Öl erst tropfenweise zugeben und weiterrühren, bis sich alles gut verbunden hat. Sobald die Emulsion fester wird, das Öl unter weiterem Rühren in einem dünnen Strahl unterschlagen. Mit 1 TL Zitronensaft, Salz und Pfeffer abschmecken.

GUT ZU WISSEN

Mit dem Eiweiß gelingt die Mayonnaise leichter. Sie hat eine cremige Konsistenz und ist durch den Einweißanteil etwas kalorienärmer.
Fester wird sie mit 200 ml Öl. Wichtig: Alle Zutaten müssen Zimmertemperatur haben.

WENN DIE MAYONNAISE GERONNEN IST

Die Mayonnaise nicht wegwerfen! Sie ist nicht verdorben, sondern hat sich nur nicht zu einer glatten Emulsion verbunden. Dann alle Arbeitsgeräte gründlich reinigen. Eine neue Mayonnaise mit Eigelb und Senf ansetzen. So viel Öl zugeben, bis eine stabile Emulsion entstanden ist, dann nach und nach die geronnene Mayonnaise einarbeiten.
Alternativ können Sie 1 EL kochend heißes Wasser zu der geronnenen Masse geben und mit dem Pürierstab auf höchster Stufe untermixen.

GESUNDHEITLICHER ASPEKT

Für Mayonnaisen müssen die Eier taufrisch sein. Rohe Eier können mit Salmonellen kontaminiert sein. Diese befinden sich mehr auf der Schale, als im Innern des Eis. Deshalb die Eier vor dem Aufschlagen gut abspülen und das Eiweiß nicht mit den Fingern ausstreichen. Wer besonders vorsichtig sein muss, kann die Eier ca. 10 Sek. in kochendes Wasser legen, um so Oberflächenkeime abzutöten. Die fertige Mayonnaise sofort kalt stellen und möglichst am selben Tag verbrauchen.

GEEIGNETE ÖLE

Zu den geschmacksneutraleren Ölen zählen beispielsweise Rapsöl, Traubenkernöl, Sonnenblumenkernöl, Maiskeimöl, Distelöl oder Erdnussöl. Olivenöl ist in der Regel zu kräftig im Geschmack. Sie können aber einer fast fertigen Mayonnaise 1–2 EL Olivenöl zugeben.

SO WERDEN MAYONNAISEN »SCHLANKER«

> Steif geschlagenes Eiweiß unterheben
> Eher feste Mayonnaisen bis zur gewünschten Konsistenz mit Brühe, Milch, Joghurt verrühren
> Cremige Mayonnaisen mit Frischkäse oder Quark mischen

SO BEKOMMEN MAYONNAISEN AROMA UND BISS

> Orangensaft und Orangenschale
> Zitronensaft und Zitronenschale
> Limettensaft und Limettenschale
> Cayenpfeffer oder Tabasco
> Currypulver
> körniger Senf und Worcestersauce
> frisch geriebener Meerrettich oder Wasabipaste
> fein gehackte Oliven und getrocknete Tomaten
> gehäutete und fein gehackte rote Paprikaschote
> Tomatenmark und Knoblauch
> geriebener Ingwer
> Sambal oelek

Würzige Vinaigrettes

Das französische Wort »vinaigre« (Essig) gab dieser Zubereitungsart den Namen. Doch keine der zwölf Vinaigrettes schmeckt nur nach Essig und Öl. Vielmehr überraschen sie mit neuen Aromen und interessanten Geschmackserlebnissen – mal wasabi-scharf oder sardellen-würzig, dann pistazien-nussig oder tomaten-fruchtig wie diese Tomaten-Vinaigrette.

Tomaten-Vinaigrette

8 Stängel Basilikum
1 Knoblauchzehe, möglichst frisch
300 g reife aromatische Tomaten
Meersalz
2 TL Ahornsirup
2 TL Tomaten-Fruchtessig (oder Weißweinessig)
schwarzer Pfeffer aus der Mühle
2 EL Olivenöl

Für 4 Personen
⊚ 25 Min. Zubereitung | 2 Std. Abtropfen
Pro Portion ca. 65 kcal, 0 g EW, 5 g F, 5 g KH

1 Basilikum waschen und trocken tupfen. Zarte Blättchen beiseitelegen, Stängel und übrige Blätter grob hacken. Knoblauch schälen und fein würfeln.

2 Tomaten waschen. Eine Tomate mit dem Sparschäler dünn schälen, vierteln, entkernen und beiseitelegen. Die restlichen Tomaten grob würfeln, mit Knoblauch, Basilikum und Salz in einem hohen Becher mit dem Pürierstab pürieren. In ein feines Sieb geben und etwa 2 Std. ohne Rühren oder Pressen abtropfen lassen, sodass nur der klare Tomatensaft abtropft.

3 Den aufgefangenen Tomatensaft auf etwa 80 ml einkochen und abkühlen lassen. Ahornsirup und Essig zugeben, salzen und pfeffern. Das Olivenöl nach und nach unterschlagen. Geschälte Tomate klein würfeln, beiseitegelegte Basilikumblätter fein hacken und unter die Vinaigrette mischen.

VERWERTUNGS-TIPP
Die Tomatenrückstände aus dem Sieb können Sie für die Zubereitung von Saucen verwenden.

PASST AM BESTEN ZU?
Büffelmozzarella (im Bild), grünen Berglinsen, lauwarmen Pellkartoffeln

fein-aromatisch

Portwein-Vinaigrette

40 g Schalotten
1 ½ EL Traubenkernöl
100 ml Portwein
400 ml Kalbsfond (Glas)
1 Bio-Orange
½ Bund glatte Petersilie
1 EL Dijonsenf
1 EL Akazienhonig
Meersalz (z. B. Fleur de Sel)
schwarzer Pfeffer aus der Mühle

Für 4 Personen | ⊚ 20 Min. Zubereitung
Pro Portion ca. 200 kcal, 5 g EW, 6 g F, 25 g KH

1 Die Schalotten schälen und fein hacken. ½ EL Traubenkernöl erhitzen, Schalotten darin bei geringer Hitze glasig dünsten. Portwein zugießen und nahezu verdampfen lassen. Mit Fond ablöschen und auf ¼ l einkochen, dann abkühlen lassen.

2 Die Orange heiß waschen, trocken reiben und 2 TL Schale fein abreiben. Die Petersilie abbrausen und trocken tupfen, die Blättchen fein hacken.

3 Den eingekochten Fond mit Senf und Honig verrühren, salzen und pfeffern. Übriges Öl unterschlagen, Orangenschale und Petersilie untermischen.

PASST AM BESTEN ZU?
Romanasalat, Kopfsalatherzen, Feldsalat

KLEINES EXTRA
geröstete Walnusskerne

FEINE ERGÄNZUNG
grüne Berglinsen

orientalisch-würzig | scharf

Granatapfel-Vinaigrette

1 Bio-Orange
2 Stängel Thymian (oder Minze)
1 EL Granatapfelsirup
2 EL Akazienhonig
½–1 TL Harissapaste
Meersalz
schwarzer Pfeffer aus der Mühle
¼ TL gemahlener Kreuzkümmel
1–2 Msp. Zimtpulver
5 EL Olivenöl

Für 4 Personen | ⊚ 10 Min. Zubereitung
Pro Portion ca. 160 kcal, 0 g EW, 12 g F, 12 g KH

1 Orange waschen und trocken reiben. 2 TL Schale fein abreiben, 3 EL Saft auspressen. Thymian waschen und trocken tupfen, die Blättchen hacken.

2 Orangensaft mit Granatapfelsirup, Honig, Harissa, Salz und Gewürzen verrühren. Das Öl nach und nach mit dem Schneebesen unterschlagen. Orangenschale und Thymian untermischen.

PASST AM BESTEN ZU?
Artischocken, Lollo rosso, Radicchio, Romanasalat

FEIN DAZU
frische Granatapfelkerne, Orangenscheiben, Datteln

GUT ZU WISSEN
Der rotbräunliche, dickflüssige Granatapfelsirup aus unreifen Granatäpfeln schmeckt säuerlich, fruchtig-herb und wird zum Marinieren und Würzen verwendet. Harissa ist eine feurig-scharfe Paste in der Tube. Beide Zutaten gibt es im orientalischen Lebensmittelladen, beim türkischen Gemüsehändler oder im Internet.

Gurken-Vinaigrette

In diesem frisch-scharfen Dressing verbinden sich Gurkenwürfel mit Ingwer und Koriandergrün zu asiatischer Leichtigkeit.

½ Salatgurke (etwa 200 g) | Meersalz | 10 g frischer Ingwer | ½ TL getrocknete grüne Pfefferkörner | ½ Bund Koriandergrün | 1 EL Reisessig | 1 TL Zucker | 3 EL Orangensaft | 2 EL Traubenkernöl | 1 TL dunkles Sesamöl

Für 4 Personen | ⏱ 15 Min. Zubereitung
Pro Portion ca. 70 kcal, 0 g EW, 6 g F, 3 g KH

1 Die Gurke waschen, schälen, längs halbieren und mit einem Teelöffel entkernen. Etwa ein Viertel des Fruchtfleisches sehr fein würfeln und beiseitestellen. Die restliche Gurke grob zerkleinern und etwas salzen. Den Ingwer schälen und fein reiben. Die Pfefferkörner im Mörser zerstoßen. Das Koriandergrün abbrausen und trocken tupfen, die Blättchen und zarten Stängel fein hacken.

2 Den Essig mit Zucker und Orangensaft verrühren, bis sich der Zucker gelöst hat. Beide Ölsorten unterschlagen. Grob zerteilte Gurkenstücke und Ingwer zugeben und mit dem Pürierstab fein pürieren. Mit Salz und Pfeffer würzen. Das Koriandergrün und die Gurkenwürfelchen untermischen.

PASST AM BESTEN ZU?
Kopfsalat (im Bild), Avocado (im Bild), Roten Beten, Knollensellerie, grünen Linsen, gekochtem Schinken, Tafelspitz

KLEINES EXTRA
fein gehackte grüne Chilischoten

AUSTAUSCH-TIPP
Koriandergrün und Sesamöl durch Petersilie und Kürbiskernöl ersetzen.

Walnuss-Vinaigrette

70 g Walnusskerne | 1 Knoblauchzehe | 1 TL
Ahornsirup | 5 EL Gemüse- oder Geflügelfond |
Meersalz | schwarzer Pfeffer aus der Mühle |
2 EL Traubenkernöl | 2 EL Walnussöl

Für 4 Personen | 15 Min. Zubereitung
Pro Portion ca. 130 kcal, 1 g EW, 12 g F, 3 g KH

1   Walnusskerne in einer Pfanne ohne Fett rösten.
Abkühlen lassen und grob hacken. Knoblauch schälen und fein hacken. Knoblauch und zwei Drittel der
Walnusskerne im Blitzhacker zu einer Paste verar-
beiten. Mit Ahornsirup und Fond verrühren, salzen
und pfeffern. Beide Ölsorten nach und nach unterschlagen. Restliche Walnusskerne untermischen.

PASST AM BESTEN ZU?
Radicchio (im Bild), Löwenzahn, Friséesalat, Avocado,
Rohkost aus Apfel, Stauden- oder Knollensellerie und
Fenchel

PASSENDE KRÄUTER
Schnittlauch, Kerbel, Petersilie

Wasabi-Apfel-Vinaigrette

300 ml Apfelsaft | ½ Bund Koriandergrün | 2 TL
Wasabipaste (japanischer Meerrettich) | 1 EL
Apfel-Balsamessig | 2 EL helle Sojasauce | 2 EL
Sojaöl (oder Distelöl) | 1 TL dunkles Sesamöl

Für 4 Personen | 20 Min. Zubereitung
Pro Portion ca. 105 kcal, 0 g EW, 6 g F, 12 g KH

1   Apfelsaft aufkochen, etwa 10 Min. offen köcheln
lassen, dabei auf 100 ml reduzieren. Abkühlen lassen. Koriandergrün waschen und trocken tupfen.
Die zarten Stängel und Blättchen hacken.

2   Wasabi mit Essig glatt rühren, mit Apfelsaft und
Sojasauce mischen. Sojaöl unterschlagen. Sesamöl
und Koriandergrün unterheben.

PASST AM BESTEN ZU?
Chinakohl (im Bild), Weißkohl, Möhrenstreifen oder
-scheiben (im Bild)

KLEINES EXTRA
1 EL geröstete Sesamsaat

Cumberland-Dressing

125 g Rotes Johannisbeergelee | 100 ml Orangen-
saft | 2–3 El Dijonsenf | 5 EL Mandelöl | Meersalz |
schwarzer Pfeffer aus der Mühle | Cayennepfeffer

Für 4 Personen | 🕐 5 Min. Zubereitung
Pro Portion ca. 200 kcal, 1 g EW, 13 g F, 22 g KH

1 Johannisbeergelee, Orangensaft und Senf in
einen schmalen Mixbecher geben und mit dem
Pürierstab glatt pürieren.

2 Während des Mixens das Mandelöl nach und
nach zugeben, bis eine glatte Emulsion entstanden
ist. Mit Salz, Pfeffer und Cayennepfeffer würzen.

PASST AM BESTEN ZU?
Feldsalat, Carpaccio aus gekochten Roten Beten, Romanasalat mit Ziegenfrischkäse

VARIANTE
Für einen cremigen Dip den Orangensaft durch 1–2 TL
frisch abgeriebene Orangenschale ersetzen.

Vanille-Vinaigrette

½ Vanilleschote | 300 ml Orangensaft | 1 EL
Ahornsirup | feines Meersalz (z. B. Fleur de Sel) |
schwarzer Pfeffer aus der Mühle | 2 EL Distelöl |
2 EL Walnussöl | 1–2 Msp. Cayennepfeffer

Für 4 Personen | 🕐 25 Min. Zubereitung
Pro Portion ca. 140 kcal, 1 g EW, 10 g F, 10 g KH

1 Vanilleschote längs aufschneiden, das Mark her-
auskratzen. Mark, Schote und Orangensaft aufkochen lassen, in 10 Min. auf 100 ml reduzieren.
Abkühlen lassen und die Schote entfernen.

2 Orangensaft mit Ahornsirup, Salz und Pfeffer
mischen. Beide Ölsorten nach und nach unterschlagen. Mit Cayennepfeffer würzen.

PASST AM BESTEN ZU?
Mischung aus zarten Blattsalaten

FEINE ERGÄNZUNG
Garnelen, roher Thunfisch, Entenbrustfilet, Estragon

würzig-kräftig

Pistazien-Vinaigrette

4 schlanke Frühlingszwiebeln | 80 g geröstete, gesalzene Pistazien | 1 Bio-Zitrone | ½ TL Zucker | Meersalz | schwarzer Pfeffer aus der Mühle | 8 EL Olivenöl

Für 4 Personen | ⏱ 20 Min. Zubereitung
Pro Portion ca. 250 kcal, 2 g EW, 25 g F, 4 g KH

1 Die Frühlingszwiebeln putzen, waschen und fein hacken. Pistazien schälen und nicht zu fein hacken. Die Zitrone heiß waschen und trocken reiben. 1 TL Schale abreiben, 3 EL Saft auspressen.

2 Den Zitronensaft mit Zucker, Salz und Pfeffer verrühren. Das Olivenöl unterschlagen. Zitronenschale, Pistazien und Frühlingszwiebeln untermischen.

PASST AM BESTEN ZU?
Romanasalat, Chicorée, Friséesalat, Avocado

FEINE ERGÄNZUNG
kleine Pellkartoffeln

intensiv-fruchtig | edel

Apfel-Vinaigrette

400 ml Apfelsaft | 1 ½ EL Apfel-Balsamessig (Bioladen) | 2 EL Ahornsirup | ½ TL getrocknete grüne Pfefferkörner | Meersalz (z. B. Fleur de Sel) | 4 EL Macadamiaöl (oder Mandelöl)

Für 4 Personen | ⏱ 20 Min. Zubereitung
Pro Portion ca. 170 kcal, 0 g EW, 10 g F, 21 g KH

1 Apfelsaft aufkochen, in etwa 10 Min. auf 150 ml einkochen, dann abkühlen lassen. Apfel-Balsamessig mit Ahornsirup verrühren. Grünen Pfeffer im Mörser zerstoßen, mit Salz und Apfelsaft zugeben und verrühren. Das Öl nach und nach unterschlagen.

PASST AM BESTEN ZU?
Feldsalat, Friséesalat, Löwenzahn, zarten Wildsalaten

FEINE ERGÄNZUNG
gebratene Egerlinge, Steinpilze, geräucherte Forelle

PASSENDE KRÄUTER
Melisse, Estragon, Kerbel

mild-scharfe Kombination

Kartoffel-Vinaigrette

40 g Schalotten
1 mehligkochende Kartoffel (100 g)
3 EL neutrales Öl (z. B. Distelöl)
150–200 ml Brühe
1 EL Weißweinessig
1 frisches Eigelb
1 TL körniger Senf | 1 TL Zucker
Meersalz | schwarzer Pfeffer aus der Mühle

Für 4 Personen | ⏱ 35 Min. Zubereitung
Pro Portion ca. 115 kcal, 2 g EW, 9 g F, 6 g KH

1 Schalotten schälen und fein würfeln. Die Kartoffel schälen, waschen und ebenfalls klein würfeln.

2 1 EL Öl erhitzen, Schalottenwürfel darin glasig dünsten. Kartoffeln zugeben, mit Brühe bedecken und in 15–18 Min. weich kochen. Abkühlen lassen.

3 Kartoffeln zerdrücken. Essig und Eigelb zugeben, mit dem Schneebesen glatt rühren. So viel Brühe zugeben, bis eine cremige, halbflüssige Konsistenz entsteht. Mit Senf, Zucker, Salz und Pfeffer würzen. Das restliche Öl nach und nach unterschlagen.

PASST AM BESTEN ZU?
Friséesalat (im Bild), Radicchio, Rucola

KLEINES EXTRA
ausgelassene Speckstreifen (im Bild)

FEINE ERGÄNZUNG
gebratener grüner Spargel, hart gekochte Eier, geröstete Kürbiskerne

PASSENDE KRÄUTER
Petersilie, Schnittlauch

würzig-kräftig

Sardellen-Vinaigrette

2 Eier | 1 Bio-Zitrone
4–6 Sardellenfilets (in Salz oder Öl eingelegt)
1 EL Salzkapern
½ Bund Schnittlauch
5 EL Olivenöl | 1–2 EL Milch
Meersalz | schwarzer Pfeffer aus der Mühle

Für 4 Personen | ⏱ 25 Min. Zubereitung
Pro Portion ca. 180 kcal, 6 g EW, 16 g F, 1 g KH

1 Eier in 10 Min. hart kochen, abschrecken, pellen und halbieren. Die Zitrone waschen und trocken reiben. 1 TL Schale abreiben, 1 EL Saft auspressen. Sardellenfilets abspülen (in Salz eingelegt) oder abtropfen (in Öl eingelegt), trocken tupfen und fein hacken. Die Salzkapern kalt abbrausen, trocken tupfen und hacken. Schnittlauch abbrausen, trocken tupfen und in feine Röllchen schneiden.

2 Eigelbe herauslösen, fein zerdrücken und mit Zitronensaft in einem hohen Becher pürieren, dabei nach und nach das Öl untermixen. Sobald sich alles verbunden hat, Sardellen und Kapern zugeben, nochmals pürieren. Nach Wunsch etwas Milch untermixen. Eventuell salzen und mit Pfeffer würzen. Schnittlauch untermischen. Nach Belieben das gekochte Eiweiß fein hacken und zugeben.

PASST AM BESTEN ZU?
Romanasalat, Tomaten (im Bild), Rucola, Pellkartoffeln

FEINE ERGÄNZUNG
Tafelspitz, gegarte Putenbrust (im Bild)

GUT ZU WISSEN
Salzkapern sind in Meersalz eingelegt. Nach dem Abspülen haben sie den typischen Kaperngeschmack.

Cremige Dressings

Sanft umschmeicheln sie den Gaumen: cremige Saucen mit mildem oder kräftigem Käse wie beim Ziegenkäse-Honig-Dressing, erfrischend-leichte Dressings mit Buttermilch, Joghurt oder Frischkäse und würzige Kreationen mit frisch zubereiteter Mayonnaise. Da freut sich nicht nur der Salat, sondern auch Zucchini, Artischocken, Ofenkartoffeln und Braten.

Ziegenkäse-Honig-Dressing

250 g milder Ziegenfrischkäse
2 EL Akazienhonig
2 EL Milch
½–1 EL weißer Aceto balsamico
2 kleine frische Jalapeño-Schoten
Meersalz
grüner Pfeffer aus der Mühle

Für 4 Personen | 🕙 10 Min. Zubereitung
Pro Portion ca. 210 kcal, 13 g EW, 13 g F, 9 g KH

1   Den Frischkäse mit der Gabel zerdrücken, mit Honig, Milch und ½ EL Essig mit dem Schneebesen glatt rühren.

2   Die Jalapeño-Schoten halbieren, putzen, waschen und klein würfeln. Unter das Dressing mischen, mit Salz und Pfeffer würzen. Nach Belieben mit etwas mehr Essig abschmecken.

PASST AM BESTEN ZU?
Romanasalat, Staudensellerie, gegrillten Zucchini (im Bild)

KLEINES EXTRA
gehackte Pistazien

VARIANTE
Das Dressing ohne Milch zubereiten, dann wird es dickflüssiger und eignet sich als Dip für Gemüsesticks oder als Füllung für Ofenkartoffeln.

Parmesan-Dressing

Seinen einzigartigen Geschmack bekommt dieses Dressing von kraftvollem Parmesan-käse, Sardellen und würziger Worcestersauce.

2 Eier | 2–4 Sardellenfilets (in Salz oder Öl eingelegt) | 1 Knoblauchzehe | 30 g Parmesankäse | 2 TL Zitronensaft | 1 TL Worcestersauce | 5 EL Olivenöl | 2 EL Brühe (nach Belieben) | Meersalz | schwarzer Pfeffer aus der Mühle

Für 4 Personen | ⊚ 20 Min. Zubereitung
Pro Portion ca. 195 kcal, 8 g EW, 18 g F, 1 g KH

1 Die Eier in Eiweiße und Eigelbe trennen (Eiweiße anderweitig verwenden). Die Sardellenfilets abspülen (in Salz eingelegt) oder abtropfen (in Öl eingelegt) lassen, trocken tupfen und fein hacken. Den Knoblauch schälen und fein hacken. Den Parmesan so fein wie möglich reiben.

2 Die Eigelbe in einer Schüssel mit Zitronensaft und Worcestersauce verrühren. Das Öl nach und nach unterschlagen, nach Belieben etwas Brühe

zugeben. Sardellen, Knoblauch und Parmesan untermischen, mit Salz und Pfeffer würzen.

PASST AM BESTEN ZU?
Tomaten, Romanasalat (im Bild), Rucola, Pellkartoffeln

FEINE ERGÄNZUNG
Knoblauch-Croûtons (Seite 64, im Bild)

VARIANTE
Den Parmesan grob in Späne reiben und nicht in das Dressing mischen, sondern über den Salat streuen.

mediterran | kräftig-würzig

Feta-Oliven-Dressing

150 g Fetakäse | 120 ml Milch | 25 g schwarze Oliven | 25 g getrocknete in Öl eingelegte Tomaten | 4 Stängel Basilikum | schwarzer Pfeffer aus der Mühle | ¼ TL Chiliflakes (Asia-Laden)

Für 4 Personen | ⏱ 15 Min. Zubereitung
Pro Portion ca. 140 kcal, 7 g EW, 10 g F, 6 g KH

1 Fetakäse zerbröseln, mit Milch pürieren, eventuell durch ein Sieb streichen. Oliven vom Stein schneiden, sehr fein würfeln. Tomaten abtropfen lassen, ebenfalls fein würfeln. Basilikum waschen und trocken tupfen, die Blättchen fein hacken. Mit Oliven und Tomaten unter die Fetakäsecreme heben. Mit Pfeffer und Chiliflakes würzen.

PASST AM BESTEN ZU?
Tomaten, Staudensellerie, Gurken, gegrillten Auberginen und Zucchini, Ofenkartoffeln

KLEINES EXTRA
geröstete Pinienkerne

kräftig & würzig

Gorgonzola-Dressing

80 ml Geflügel- oder Gemüsebrühe | 70 g milder Gorgonzola | 100 g Frischkäse (16 % Fett) | 1 TL Birnendicksaft | Cayennepfeffer (oder Chili Pasilla) | schwarzer Pfeffer | einige Chilifäden

Für 4 Personen | ⏱ 15 Min. Zubereitung
Pro Portion ca. 120 kcal, 6 g EW, 10 g F, 3 g KH

1 Brühe aufkochen lassen. Gorgonzola entrinden und zerkleinern. Die Brühe vom Herd nehmen, den Käse darin unter Rühren schmelzen, dann abkühlen lassen. Frischkäse und Birnendicksaft zugeben und pürieren. Mit Cayennepfeffer und Pfeffer kräftig würzen. Chilifäden hacken und darüberstreuen.

PASST AM BESTEN ZU?
Tomaten (mit Basilikum), Sauerampfer, Feldsalat, Radicchio, Endivie oder Friséesalat (mit Birne), Chicorée (mit Pink Grapefruit-Filets), Spargel

KLEINES EXTRA
geröstete Walnusskerne

raffiniert | kräuterwürzig

Buttermilch-Kürbiskern-Dressing

70 g Feldsalat (oder glatte Petersilie)
150 g Buttermilch
150 g Frischkäse (16 % Fett)
1 EL Apfel-Balsamessig (Bioladen)
2 TL Agavensirup
1 TL Kräutersalz
grüner Pfeffer aus der Mühle
1 EL Kürbiskernöl

Für 4 Personen | 🕐 15 Min. Zubereitung
Pro Portion ca. 130 kcal, 5 g EW, 9 g F, 7 g KH

1 Den Feldsalat putzen, waschen und trocken schleudern. Mit Buttermilch in einen hohen Becher geben und mit dem Pürierstab fein pürieren. Den Frischkäse zugeben und weitermixen, bis eine gleichmäßig cremige Konsistenz entsteht.

2 Mit Essig, Agavensirup, Salz und Pfeffer würzen. Das Kürbiskernöl nach und nach unterschlagen.

PASST AM BESTEN ZU?
Gurke, Staudensellerie, grünen Bohnen, Blumenkohl (roh geraspelt oder gekocht), Pellkartoffeln

KLEINES EXTRA
geröstete Kürbiskerne, pochierte oder gekochte Eier

BLUMENKOHLSALAT
1 kleinen Blumenkohl in Röschen teilen und in einem Siebeinsatz über kochendem Wasser in 6–8 Min. bissfest garen. Kalt abspülen und mindestens 30 Min. im Dressing ziehen lassen. 2 EL Kürbiskerne in einer Pfanne ohne Fett rösten und darüberstreuen.

mild-säuerlich | leicht süß

Klassisches Sahne-Dressing

3 EL Zitronensaft
1–2 EL Zucker
100 g Sahne
100 g saure Sahne
1 Prise Meersalz (nach Belieben)
schwarzer Pfeffer aus der Mühle (nach Belieben)

Für 4 Personen | 🕐 5 Min. Zubereitung
Pro Portion ca. 140 kcal, 1 g EW, 10 g F, 10 g KH

1 Den Zitronensaft mit dem Zucker mischen und so lange rühren, bis sich der Zucker gelöst hat.

2 Unter Rühren erst die Sahne zugeben, dann die saure Sahne unterrühren. Nach Belieben mit etwas Salz und Pfeffer würzen.

PASST AM BESTEN ZU?
Salatherzen (mit Petersilie im Dressing), Gurke (mit Dill im Dressing), Chicorée und Apfel (mit Kresse und Walnusskernen, im Bild), Erdbeeren (mit Minze)

FEINE ERGÄNZUNG
Heringsfilet, geräuchertes Forellenfilet

PASSENDE KRÄUTER
Kerbel, Petersilie, Schnittlauch, Kresse, Dill, Minze

VARIANTE
Dieses Dressing ist sehr gut als frische Basis für die Frankfurter Grüne Sauce geeignet. Dafür die typische »Grie-Soß«-Kräutermischung (Petersilie, Schnittlauch, Borretsch, Pimpinelle, Kerbel, Kresse, Sauerampfer) sehr fein hacken und untermischen.

Avocado-Joghurt-Dressing

Ein gelungenes Geschmackserlebnis aus sanft-nussiger Avocado mit süßen, säuerlichen, frischen und scharfen Komponenten.

1 grüne Chilischote (z. B. Jalapeño-Schote) | 6–8 Schnittlauchhalme | 1 kleine, reife Avocado (125 g Fruchtfleisch) | 150 g Joghurt | 1 TL Apfeldicksaft | 1 TL weißer Aceto balsamico | 2–3 EL Milch | Kräutersalz | grüner Pfeffer aus der Mühle

Für 4 Personen | ⏲ 15 Min. Zubereitung
Pro Portion ca. 130 kcal, 1 g EW, 12 g F, 4 g KH

1 Chilischote längs halbieren, putzen, waschen und sehr klein würfeln. Schnittlauch abbrausen und trocken tupfen, in sehr feine Röllchen schneiden.

2 Avocado halbieren, den Stein entfernen, das Fruchtfleisch aus der Schale lösen und mit der Gabel zerdrücken. Mit Joghurt, Apfeldicksaft und Essig fein pürieren. So viel Milch zugeben, bis eine cremige Konsistenz entsteht. Mit Salz und Pfeffer würzen, Chili und Schnittlauch untermischen.

PASST AM BESTEN ZU?

Fenchel, Gurke, Romanasalat, Weißkohl-Möhren-Rohkost, grünen Bohnen, Zuckerschoten, Artischocken

FEINE ERGÄNZUNG

kleine Croûtons (Seite 64), geröstete Sesamsaat

VARIANTE

Die grüne Chilischote ganz oder teilweise durch Wasabipaste oder Meerrettich ersetzen und das Dressing mit Shisokresse bestreuen.

GURKENSALAT-SCHIFFCHEN

1 Salatgurke schälen, längs halbieren, mit einem kleinen Löffel entkernen, etwa 1 cm groß würfeln und etwas salzen. Mit dem Avocado-Joghurt-Dessing mischen. Von einem Mini-Romanasalat die Blätter ablösen, waschen trocken schleudern und mit dem Gurkensalat füllen. Nach Belieben 1–2 Jalapeño-Schoten in feine Ringe schneiden und darüberstreuen.

frisch | süß-säuerlich

Joghurt-Dill-Dressing

1 Bio-Zitrone | ½ Bund Dill (oder Zitronenthymi-
an) | 2 grüne Kardamomkapseln | 250 g Joghurt |
1 EL Agavensirup | 1 ½ EL Olivenöl | Meersalz |
schwarzer Pfeffer aus der Mühle

Für 4 Personen | 🕙 10 Min. Zubereitung
Pro Portion ca. 120 kcal, 0 g EW, 10 g F, 6 g KH

1   Die Zitrone heiß waschen und trocken reiben,
2 TL Schale abreiben. Den Dill waschen und trocken
tupfen, ein paar Dillspitzen für die Deko beiseitelegen, den Rest fein hacken. Die Kardamomkapseln
aufbrechen, die Samen im Mörser fein zerstoßen.

2   Joghurt mit Agavensirup glatt rühren, das Öl
unterschlagen. Zitronenschale, gehackten Dill und
Kardamom untermischen, salzen und pfeffern.

PASST AM BESTEN ZU?
Gurken, Kopfsalat, Salat aus Kartoffeln, Apfel, Senfgurke
und gekochtem Ei

leicht & frisch

Minze-Joghurt-Dressing

1 Bio-Limette | 2 Knoblauchzehen, möglichst
frisch | 6 Stängel Minze | 300 g Griechischer
Joghurt (10 % Fett) | 2 EL Olivenöl | 2 TL Zucker |
Meersalz | schwarzer Pfeffer

Für 4 Personen | 🕙 15 Min. Zubereitung
Pro Portion ca. 150 kcal, 0 g EW, 12 g F, 7 g KH

1   Limette heiß waschen und trocken reiben. 1 TL
Schale abreiben, 1 EL Saft auspressen. Knoblauch
schälen, sehr fein hacken. Minze abbrausen und trocken tupfen. Die Blättchen übereinanderlegen, erst
in schmale Streifen, dann in Stückchen schneiden.
Joghurt mit Öl, Limettensaft und -schale glatt
rühren, mit Zucker, Salz und Pfeffer würzen.
Mit Knoblauch und Minze vermischen.

PASST AM BESTEN ZU?
Gurke, Salatherzen, rohen oder gegrillten Zucchini

FEINE ERGÄNZUNG
kleine Röstkartoffeln, geröstete Pinienkerne

süßlich-fruchtig | schön scharf

Preiselbeer-Dressing

1 Bio-Orange
2 TL getrocknete grüne Pfefferkörner
150 g Preiselbeerkompott
5 TL Meerrettichzubereitung (scharf,
aus dem Glas)
Meersalz
1 Beet Shisokresse (oder ½ Beet Gartenkresse)

Für 4 Personen | ⏱ 10 Min. Zubereitung
Pro Portion ca. 80 kcal, 1 g EW, 1 g F, 20 g KH

1 Die Orange heiß waschen und trocken reiben.
2 TL Schale fein abreiben, 75 ml Saft auspressen.
Die Pfefferkörner im Mörser grob zerstoßen.

2 Den Orangensaft mit Preiselbeerkompott und
Meerrettich leicht pürieren, die Preiselbeeren sollten teilweise noch ganz sein. Das Dressing mit Salz
und Pfeffer würzen. Die Kresse vom Beet schneiden
und über das Dressing streuen.

PASST AM BESTEN ZU?
gekochten, kalten Roten Beten, Rohkost aus Knollensellerie und Apfel, Salatherzen

FEINE ERGÄNZUNG
geräuchertes Forellenfilet, Rauchfleisch-Aufschnitt

VARIANTE – PREISELBEERCREME
Dafür das Dressing ohne Orangensaft zubereiten und
zusätzlich 2 EL Frischkäse unterrühren. Servieren Sie die
Creme zum Dippen oder verwenden Sie sie zum Füllen
von Staudensellerie, gegarten ausgehöhlten Roten
Beten oder Schinkenröllchen. Oder zum Garnieren von
kaltem Braten und Roastbeef.

exotisch | süßlich-scharf

Bananen-Curry-Dressing

1 kleine rote Chilischote
1 Banane (100 g Fruchtfleisch)
150 g Joghurt
1 EL Mangochutney
½ TL Currypulver (mild oder scharf)
1 TL Limettensaft (nach Belieben)
Meersalz
schwarzer Pfeffer aus der Mühle

Für 4 Personen | ⏱ 10 Min. Zubereitung
Pro Portion ca. 68 kcal, 0 g EW, 4 g F, 7 g KH

1 Chilischote längs halbieren, putzen, waschen
und in sehr kleine Würfel schneiden. Banane schälen, grob zerteilen, mit Joghurt und Mangochutney
pürieren. Mit Currypulver, eventuell Limettensaft,
Salz und Pfeffer würzen, mit Chili bestreuen.

PASST AM BESTEN ZU?
Eisbergsalat, Friséesalat, Lollo rosso, Eichblattsalat,
Radicchio, Blumenkohl, Weißkohl

FEINE ERGÄNZUNG
Ananas, Mango oder Papaya, Garnelen

PASSENDE KRÄUTER
Minze, Petersilie, Koriandergrün

EXOTISCHER COLE-SLAW-SALAT
1 kleines Stück Weißkohl oder 1 kleinen Spitzkohl fein
hobeln. 2 Möhren schälen und in feinste Streifen
schneiden. Gemüse mit Dressing und 2 EL Sultaninen
mischen und abgedeckt im Kühlschrank etwas ziehen
lassen. 2 Scheiben frische Ananas oder 1 Babyananas
klein schneiden, unter den Salat mischen. Mit gehacktem Koriandergrün oder Schnittlauchröllchen bestreuen.

oben: Bananen-Curry-Dressing | unten: Preiselbeer-Dressing

würziger Allrounder

Sauce Tartare

Würzig-salzige Sardellen und salzig-säuerliche Kapern und Cornichons bringen Pep in die mild-cremige Mayonnaise.

1 Ei
4 Sardellenfilets (in Salz oder Öl eingelegt)
2 EL Salzkapern
½ Bund glatte Petersilie
25 g Cornichons
200 g Mayonnaise (Rezept S. 12 oder Fertigprodukt)
Meersalz
schwarzer Pfeffer aus der Mühle
2–3 TL Zitronensaft
5 EL Joghurt (nach Belieben)

Für 4 Personen | ⏱ 20 Min. Zubereitung
Pro Portion ca. 260 kcal, 4 g EW, 21 g F, 14 g KH

1 Das Ei in 10 Min. hart kochen, kalt abschrecken und abkühlen lassen. Inzwischen die Sardellenfilets abspülen (in Salz eingelegt) oder abtropfen lassen (in Öl eingelegt), trocken tupfen und fein hacken. Die Salzkapern kalt abbrausen, trocken tupfen und ebenfalls hacken.

2 Petersilie waschen und trocken tupfen, die Blättchen sehr fein hacken. Cornichons ebenfalls fein hacken. Das Ei pellen, das Eiweiß sehr fein hacken (das Eigelb nicht verwenden).

3 Die Mayonnaise mit Sardellen, Kapern, Petersilie, Cornichons und Eiweiß vermischen. Mit Salz, Pfeffer und Zitronensaft abschmecken. Für eine leichtere Konsistenz nach Belieben mit dem Joghurt verrühren.

PASST AM BESTEN ZU?

Pellkartoffeln, Bratkartoffeln, Zucchini, Gurken (im Bild), gebackenen oder gegrillten Auberginen, kaltem Braten, Sülze, gebackenem oder paniertem Fisch

VARIANTE – THUNFISCHSAUCE

Anstelle von Cornichons, Petersilie und gehacktem Eiweiß 100 g Thunfisch (in Öl eingelegt) abtropfen lassen, zerpflücken und mit den Sardellenfilets und Kapern unter die Mayonnaise mischen und mit dem Pürierstab fein pürieren. Mit 2–3 TL Limettensaft, Meersalz und Pfeffer abschmecken.

Die Thunfischsauce passt am besten zu Romanasalat, grünem Spargel, Zucchini, Nudeln, Pellkartoffeln, Kalbfleisch (z. B. Vitello tonnato).

VARIANTE – KLASSISCHE REMOULADE

Anstelle von Sardellenfilets und Kapern Schnittlauch, Cornichons und hart gekochte Eier mit Eigelb hacken und untermischen. Besonders frisch wird die Remoulade durch fein gehackten Apfel.

Die Remoulade passt am besten zu Pellkartoffeln, Backfisch, frittierten Calamares.

KLEINES EXTRA

Shisokresse (im Bild)

Feines Kräuter-Dressing

Vier verschiedene Kräuter bringen nicht nur Frische, sondern auch Süße, Schärfe und Farbe in das Dressing und passen damit in Frühlings- und Sommersalate.

¼ Bund glatte Petersilie | ¼ Bund Dill | 8 Schnittlauchhalme | ½ Kästchen Kresse | 5 EL Milch | 2 TL scharfer Senf | 60 g Frischkäse (16 % Fettgehalt) | 100 g Mayonnaise (ca. ½ Portion Grundrezept S. 12 oder Fertigprodukt) | Meersalz | schwarzer Pfeffer aus der Mühle

Für 4 Personen | ⏲ 15 Min. Zubereitung
Pro Portion ca. 140 kcal, 2 g EW, 12 g F, 8 g KH

1 Petersilie, Dill und Schnittlauch waschen und trocken tupfen. Petersilienblättchen und Dillspitzen abzupfen und sehr fein hacken. Den Schnittlauch in feine Röllchen schneiden, die Kresse vom Beet schneiden und fein hacken.

2 Die Kräuter mit der Milch und dem Senf in einen hohen Becher geben und mit dem Pürierstab fein pürieren. Frischkäse und Mayonnaise zugeben und nochmals durchmixen. Mit Salz und Pfeffer würzen.

PASST AM BESTEN ZU?
Gurke, Zucchini (roh wie im Bild, gegrillt oder gebraten), Kopfsalat, Salatherzen, Kartoffeln, Nudelsalat, Roastbeef, gedünstetem Fischfilet, Krabben

KLEINES EXTRA
hart gekochte, gehackte Eier untermischen

AUSTAUSCH-TIPP
Wenn es schnell gehen soll, die frischen Kräuter durch 2 Päckchen TK-Kräutermischung ersetzen.

luftig | edel

Orangenschaum-Dressing

1 Bio-Orange | 1 Bio-Zitrone | ½ TL Akazienhonig |
100 g Mayonnaise (½ Portion Grundrezept S. 12
oder Fertigprodukt) | Meersalz | weißer Pfeffer
aus der Mühle | Cayennepfeffer | 1 Eiweiß

Für 4 Personen | ⏲ 15 Min. Zubereitung
Pro Portion ca. 110 kcal, 1 g EW, 8 g F, 8 g KH

1 Orange und Zitrone heiß waschen und trocken
reiben. Jeweils 1 TL Schale fein abreiben. Den Orangensaft auspressen und auf etwa 50 ml einkochen,
mit Honig verrühren und abkühlen lassen.

2 Orangensaft mit Mayonnaise verrühren, mit Salz,
Pfeffer, Cayennepfeffer, Orangen- und Zitronenschale würzen. Das Eiweiß sehr steif schlagen und
unter die Mayonnaise heben.

PASST AM BESTEN ZU?
Feinen Salat-Mischungen zu Vorspeisen, Feldsalat, ess-
baren Blüten, pochiertem Fischfilet

klassisch | würzig-mild

Cocktail-Sauce

100 g Mayonnaise (½ Portion Grundrezept S. 12
oder Fertigprodukt) | 4 EL Ketchup | 3 EL Orangen-
saft | 1 EL Marsala (oder Cognac) | 3 EL saure Sah-
ne | ¼ TL edelsüßes Paprikapulver | Meersalz |
schwarzer Pfeffer aus der Mühle | Cayennepfeffer

Für 4 Personen | ⏲ 5 Min. Zubereitung
Pro Portion ca. 130 kcal, 1 g EW, 10 g F, 11 g KH

1 Die Mayonnaise mit Ketchup, Orangensaft, Mar-
sala und saurer Sahne verrühren.

2 Mit Paprikapulver, Salz, Pfeffer und Cayennepfeffer kräftig abschmecken.

PASST AM BESTEN ZU?
Möhren, Eisbergsalat, Geflügel, Krabben, Garnelen,
Fondue

AUSTAUSCH-TIPP
Die saure Sahne durch die gleiche Menge geschlagene
Sahne ersetzen.

Nussige Dressings

Wer Nüsse bislang nur pur liebte, sollte diese Kreationen unbedingt ausprobieren: Als Paste, Mus oder fein gerieben sind Nüsse, Mandeln & Co. die ideale Basis für würzige, cremige Dressings. Genießen Sie für den Anfang das feine Macadamia-Zitronen-Dressing mit al dente gegarten Brokkoliröschen. Vielleicht wird das Ihr neuer Lieblingssalat.

Macadamia-Zitronen-Dressing

80 g Macadamia-Nusskerne (gesalzen oder naturell)
½ TL getrocknete grüne Pfefferkörner
4 Stängel Zitronenmelisse
2 EL Zitronensaft
1 EL brauner Zucker
50 ml Gemüsefond
1 frisches Eigelb
¼ TL getrocknete Lemon Myrtle (oder Zitronenschale) | Meersalz
1 EL Macadamiaöl

Für 4 Personen | ◎ 10 Min. Zubereitung
Pro Portion ca. 200 kcal, 2 g EW, 19 g F, 5 g KH

1 Die Nusskerne im Blitzhacker zu Mus zerkleinern. Den Pfeffer im Mörser fein zerstoßen. Melisse abbrausen, trocken tupfen und sehr fein hacken.

2 Zitronensaft mit Zucker verrühren, bis sich der Zucker gelöst hat, mit Fond und Nussmus verrühren. Das Eigelb unterrühren. Mit Lemon Myrtle, Salz und grünem Pfeffer würzen. Öl unterschlagen und das Dressing mit Melisse bestreuen.

PASST AM BESTEN ZU?
Romanasalat, Kopfsalat, Zucchini, Staudensellerie, Brokkoli (im Bild)

AUSTAUSCH-TIPP
Die Zitronenmelisse durch Zitronenthymian oder Petersilie ersetzen.

ZUCCHINISALAT
6 kleine Zucchini waschen, in Scheibchen hobeln. In 1 EL Öl 2–3 Min. bissfest braten. Etwas salzen, mit dem Dressing mischen. 20 g Macadamia-Nusskerne hacken und mit gehackter Petersilie über den Salat streuen.

mild | fruchtig-frisch

Kürbiskern-Dressing

1 kleine, reife Avocado (100–120 g Fruchtfleisch)
1 ½ EL Limettensaft
40 g Kürbiskernmus (Bioladen, Reformhaus)
3 EL Apfelsaft
½ TL getrocknete grüne Pfefferkörner
Kräutersalz

Für 4 Personen | ⊚ 10 Min. Zubereitung
Pro Portion ca. 140 kcal, 3 g EW, 13 g F, 2 g KH

1 Die Avocado halbieren und den Stein entfernen. Das Fruchtfleisch mit einem Löffel herauslösen, mit der Gabel zerdrücken.

2 Limettensaft und Kürbiskernmus untermischen. Den Apfelsaft nach und nach bis zur gewünschten Konsistenz zugeben und unterrühren.

3 Die grünen Pfefferkörner im Mörser grob zerstoßen. Das Dressing mit Salz und Pfeffer würzen.

PASST AM BESTEN ZU?
Pellkartoffeln, Romanasalat, Gurke, grüne Paprikaschote, Staudensellerie, Zucchini (roh geraspelt oder gegrillt), Frühlingszwiebeln (roh oder gebraten), Röschen von Brokkoli und Blumenkohl (bissfest gegart und abgekühlt)

KLEINES EXTRA
gehackte grüne Chilischote

FEINE ERGÄNZUNG
geröstete Kürbiskerne

PASSENDE KRÄUTER
Petersilie, Schnittlauch

herb-fruchtig

Tahini-Orangen-Dressing

1 Bio-Orange
2–3 Stängel Thymian (z. B. Orangenthymian)
75 g Tahini (Sesampaste, Bioladen)
4 EL Gemüsebrühe | Meersalz
schwarzer Pfeffer aus der Mühle
¼ TL Cayennepfeffer
¼ TL Sumach (orientalischer Lebensmittelladen)

Für 4 Personen | ⊚ 10 Min. Zubereitung
Pro Portion ca. 145 kcal, 5 g EW, 13 g F, 2 g KH

1 Die Orange heiß waschen und trocken reiben. 2 TL Schale fein abreiben, 4–5 EL Saft auspressen. Den Thymian waschen und trocken tupfen. Einige Blättchen beiseitelegen, den Rest hacken.

2 Tahini mit der Brühe und so viel Orangensaft verrühren, bis eine cremige, leicht flüssige Konsistenz erreicht ist. Mit Salz, Pfeffer und Cayennepfeffer würzen. Die Hälfte des Sumachs und den gehackten Thymian untermischen. Mit restlichem Sumach und den Thymianblättchen bestreuen.

PASST AM BESTEN ZU?
Möhren, Romanasalat, Orangen-Zwiebel-Salat

GUT ZU WISSEN
Sumach (Essigbaum) sind rotbräunliche, säuerlich-herbe Beerenfrüchte, die getrocknet und gemahlen im Orient als Streugewürz bei Tisch verwendet werden.

MÖHREN-SESAM-SALAT
400 g Möhren schälen, in feine Stifte hobeln. ½ Bund glatte Petersilie hacken. Möhren und Petersilie mit dem Dressing mischen. 2 EL Sesamsaat rösten und über den Salat streuen.

links: Kürbiskern-Dressing | rechts: Tahini-Orangen-Dressing

frisch & scharf

Kokos-Limetten-Dressing

Ein Dressing für Salate und Snacks mit Tropen-Feeling und Karibik-Klängen: limettenfrisch, würzig, süßlich und aufregend scharf.

15 g frischer Ingwer
1 rote Chilischote
1 Bio-Limette
1 Limettenblatt
½ Bund Koriandergrün
2 TL Fischsauce
2 TL Zucker
150 ml dickliche Kokoscreme

Für 4 Personen | ⏱ 20 Min. Zubereitung
Pro Portion ca. 140 kcal, 2 g EW, 13 g F, 6 g KH

1 Den Ingwer schälen und sehr fein würfeln. Die Chilischote längs halbieren, putzen, waschen und sehr fein würfeln. Die Limette heiß waschen und trocken reiben. 2 TL Schale abreiben und 1 EL Saft auspressen.

2 Das Limettenblatt waschen und trocken tupfen. Den Stiel und die harte Blattader entfernen, das Blatt in haarfeine Streifen schneiden, die Steifen hacken. Das Koriandergrün waschen und trocken tupfen. Einige Blättchen beiseitelegen, den Rest und die zarten Stängel hacken.

3 Die Fischsauce mit dem Zucker verrühren, bis er sich gelöst hat. Die Kokoscreme mit Fischsauce und Limettensaft mischen. Ingwer, Chili, Limettenschale, gehacktes Limettenblatt und Koriandergrün untermischen. Mit den beiseitegelegten Korianderblättchen bestreuen.

PASST AM BESTEN ZU?
Chinakohl (im Bild), Möhrenstreifen, Frühlingszwiebeln, Staudensellerie

FEINE ERGÄNZUNG
Mango (im Bild) oder Papaya (mit Limettensaft mariniert), Glasnudeln, Garnelen, Hähnchenbrustfilet

PASSENDE KRÄUTER
Minze, Thai-Basilikum

AUSTAUSCH-TIPP
Die Kokoscreme durch Kokosmilch ersetzen. Die Dose aber nicht schütteln und nur den oben abgesetzten dicken Rahm verwenden.

ASIA-GLASNUDELN-SALAT
100 g Glasnudeln nach Packungsangabe zubereiten, in einem Sieb kalt abspülen, abtropfen lassen und klein schneiden. 1 große Möhre schälen und in feine Stifte hobeln. 2–3 Frühlingszwiebeln putzen, waschen und in dünne Ringe schneiden. Nudeln und Gemüse mit dem Kokos-Limetten-Dressing mischen. 2 EL gesalzene Erdnusskerne grob hacken und mit Korianderblättchen über den Salat streuen.

exotisch | scharf

Erdnuss-Sambal-Dressing

2 schlanke Frühlingszwiebeln
1 Knoblauchzehe
70 g Erdnussmus
80 ml Geflügel- oder Gemüsebrühe
1 ½ EL Zitronensaft
1 TL Sambal oelek
Meersalz

Für 4 Personen | ⏱ 10 Min. Zubereitung
Pro Portion ca. 140 kcal, 5 g EW, 8 g F, 10 g KH

1 Die Frühlingszwiebeln putzen, waschen und
sehr fein hacken. Den Knoblauch schälen und
ebenfalls sehr fein hacken.

2 Das Erdnussmus mit Brühe und Zitronensaft mit
dem Schneebesen glatt verrühren. Mit Sambal
oelek und Salz würzen. Die Frühlingszwiebeln und
den Knoblauch untermischen.

PASST AM BESTEN ZU?
Möhren, Chinakohl, Weißkohl, Mango

KLEINES EXTRA
geröstete Erdnusskerne

FEINE ERGÄNZUNG
Saté-Spieße

PASSENDE KRÄUTER
Koriandergrün, Schnittknoblauch, Daikonkresse

GUT ZU WISSEN
Schnittknoblauch ist grün wie Schnittlauch, aber abge-
flacht und mit einem leichten Knoblaucharoma.

fruchtig | süßlich-scharf

Erdnuss-Ananas-Dressing

2 Frühlingszwiebeln
1 rote Chilischote
1–2 Knoblauchzehen
½ Bund Koriandergrün
4 EL Erdnussmus
1 EL helle Sojasauce
1 TL Reisessig
200 ml Ananassaft
Meersalz

Für 4 Personen | ⏱ 15 Min. Zubereitung
Pro Portion ca. 110 kcal, 5 g EW, 8 g F, 4 g KH

1 Die Frühlingszwiebeln putzen und waschen.
Das Weiße fein hacken, das Grüne in feine Ringe
schneiden. Die Chilischote längs halbieren, putzen,
waschen und fein würfeln. Den Knoblauch schälen
und sehr fein würfeln. Das Koriandergrün waschen
und trocken tupfen, die zarten Stängel und Blättchen fein hacken.

2 Das Erdnussmus mit Sojasauce und Reisessig
verrühren. Den Ananassaft nach und nach bis zur
gewünschten Konsistenz zugeben und unterrühren.

3 Das Weiße der Frühlingszwiebeln, Chili, Knoblauch und Koriandergrün untermischen, mit Salz
würzen. Mit dem Zwiebelgrün bestreuen.

PASST AM BESTEN ZU?
Fein gehobeltem Weißkohl, Chinakohl, Möhrenstreifen,
Chicorée

KLEINES EXTRA
gehackte Erdnusskerne, frische Ananas

oben: Erdnuss-Ananas-Dressing | unten: Erdnuss-Sambal-Dressing

Cashewnuss-Dressing

1 Bio-Limette | 1 grüne Chilischote | ½ TL getrocknete grüne Pfefferkörner | 75 g Cashewnussmus | 75 ml Geflügel- oder Gemüsebrühe (oder klares Kokoswasser) | Meersalz

Für 4 Personen | 🕙 15 Min. Zubereitung
Pro Portion ca. 120 kcal, 5 g EW, 9 g F, 4 g KH

1 Die Limette waschen und trocken reiben. 1 TL Schale abreiben, den Saft auspressen. Die Chili längs halbieren, putzen, waschen und sehr fein würfeln. Den Pfeffer im Mörser zerstoßen. Nussmus und Brühe glatt rühren. Mit Limettenschale und -saft, Chili, Pfeffer und Salz würzen.

PASST AM BESTEN ZU?
Salatherzen, Ananas, Papaya

KLEINES EXTRA
geröstete Cashewnusskerne, Minze, Koriandergrün

Haselnuss-Dressing

1 reife Banane (100 g Fruchtfleisch) | 3 EL Haselnussmus (Bioladen, Reformhaus) | 150 ml Orangensaft | Meersalz | schwarzer Pfeffer | Muskatnuss, frisch gerieben | ½–1 TL Sambal oelek

Für 4 Personen | 🕙 5 Min. Zubereitung
Pro Portion ca. 110 kcal, 2 g EW, 8 g F, 8 g KH

1 Die Banane schälen und zerdrücken. Nussmus und Orangensaft zugeben und pürieren. Mit Salz, Pfeffer, Muskat und Sambal oelek scharf würzen.

PASST AM BESTEN ZU?
Chicorée, Radicchio, Möhren- oder Sellerie-Rohkost

KLEINES EXTRA
gehackte, geröstete Haselnusskerne

AUSTAUSCH-TIPP
Muskat durch Vanillemark, Vanillepulver oder Tonkabohne ersetzen. Die längliche Tonkabohne wird wie Muskatnuss gerieben und hat ein vanilleartiges Aroma.

fruchtig | würzig

Mandel-Apfel-Dressing

70 g braunes Mandelmus (aus ungeschälten Mandeln) | 4 EL Apfelsaft | 1 EL Apfeldicksaft | ½ TL Apfel-Balsamessig | 1–2 Msp. Zimtpulver | ¼ TL Muskatnuss, frisch gerieben | ½ TL Cayennepfeffer (oder Chili Pasilla) | Meersalz | schwarzer Pfeffer aus der Mühle

Für 4 Personen | 🕙 10 Min. Zubereitung
Pro Portion ca. 130 kcal, 4 g EW, 10 g F, 6 g KH

1 Mandelmus, Apfelsaft, Apfeldicksaft und Essig mit dem Schneebesen verrühren. Falls gewünscht, etwas mehr Apfelsaft zugeben. Mit Zimtpulver, Muskatnuss, Cayennepfeffer, Salz und Pfeffer kräftig würzen.

PASST AM BESTEN ZU?
Knollensellerie (roh oder gekocht) mit Apfel, Eichblattsalat, Lollo rosso, gerösteten roten Paprikaschoten, Auberginen und Kürbis gegrillt

herb-süßlich | pikant

Walnuss-Honig-Dressing

70 g Walnusskerne | 1 ½ EL körniger Senf | 1 EL Tannenhonig (oder Heide- oder Kastanienhonig) | 1 EL Aceto balsamico | 4 EL Brühe | Meersalz | schwarzer Pfeffer aus der Mühle | 2 EL Walnussöl

Für 4 Personen | 🕙 10 Min. Zubereitung
Pro Portion ca. 190 kcal, 3 g EW, 16 g F, 7 g KH

1 Walnusskerne im Blitzhacker zerkleinern. Das Nussmehl mit Senf, Honig und Essig verrühren. Die Brühe nach und nach unterschlagen. Mit Salz und Pfeffer würzen. Das Öl tropfenweise unterrühren.

PASST AM BESTEN ZU?
Knollensellerie (roh geraspelt oder gekocht in Scheiben), Roten Beten, Chicorée mit Apfel

KLEINES EXTRA
geröstete, grob gehackte Walnusskerne

PASSENDE KRÄUTER
Thymian, Rosmarin (sehr fein gehackt)

Kalorienarme Dressings

Wer glaubt, dass Dressings Dickmacher sind, erfährt in diesem Kapitel, dass es anders geht. Weniger Fett bedeutet nicht automatisch weniger Geschmack: Die leichten Saucen, wie das Erdbeer-Dressing, kombinieren süße, säuerliche, scharfe und würzige Elemente zu aufregenden Dressings, die nur auf die Verbindung mit Ihrem Lieblingssalat warten.

Erdbeer-Dressing

250 g Erdbeeren
1 EL Ahornsirup
1 EL Erdbeer-Fruchtessig (oder Himbeer-Fruchtessig)
1 EL Walnussöl
Meersalz (z. B. Fleur de Sel)
schwarzer Pfeffer aus der Mühle
Cayennepfeffer

Für 4 Personen | ⊕ 15 Min. Zubereitung
Pro Portion ca. 60 kcal, 0 g EW, 3 g F, 7 g KH

1   Die Erdbeeren waschen, putzen, in grobe Stücke schneiden und mit dem Pürierstab fein pürieren.

2   Ahornsirup und Essig zugeben und untermischen. Das Öl tropfenweise mit dem Pürierstab untermixen. Mit Salz, Pfeffer und Cayennepfeffer kräftig würzen.

PASST AM BESTEN ZU?
Feldsalat (im Bild), Romanasalat, Lollo bianco, Chicorée, Radicchio

FEINE ERGÄNZUNG
Entenbrustfilet, Hähnchenbrustfilet, Roastbeef-Aufschnitt, Bündner Fleisch, Erdbeerstückchen (im Bild)

PASSENDE KRÄUTER
Minze, Zitronenthymian, Zitronenmelisse

VARIANTEN
Die Erdbeeren durch weiße Pfirsiche ersetzen. Die Pfirsiche vor dem Pürieren kurz in kochendem Wasser blanchieren und die Haut abziehen. Eventuell statt Fruchtessig weißen Aceto balsamico nehmen.

SERVIER-TIPP
Passt gut zu raffinierten Desserts wie eine dunkle Mousse au chocolat, Panna cotta oder gegrillte, mit Ziegenfrischkäse gefüllte Pfirsiche. Das Salz dann weglassen.

fruchtig-säuerlich | scharf

Kiwi-Jalapeño-Dressing

2–3 Frühlingszwiebeln | 1–2 grüne Chilischote,
(z. B. Jalapeño-Schote) | 3 große Kiwis | 1 ½ EL
Apfeldicksaft | 1 Spritzer Zitronensaft (oder wei-
ßer Aceto balsamico nach Belieben) | 1 EL Distel-
öl | Meersalz | schwarzer Pfeffer aus der Mühle

Für 4 Personen | ⊕ 20 Min. Zubereitung
Pro Portion ca. 70 kcal, 1 g EW, 3 g F, 10 g KH

1 Frühlingszwiebeln putzen, waschen und sehr
fein hacken. Chilischoten längs halbieren, putzen,
waschen und sehr fein würfeln. Kiwis schälen, grob
würfeln und mit dem Pürierstab fein pürieren. Das
Fruchtpüree mit Apfeldicksaft, eventuell Zitronensaft und Öl verrühren, mit Salz und Pfeffer würzen.
Die Zwiebel- und Chiliwürfel untermischen.

PASST AM BESTEN ZU?
Kopfsalat, Eisbergsalat, Romanasalat, Avocado

FEINE ERGÄNZUNG
gedämpfter Fisch, Hähnchenbrustfilet

exotisch | fruchtig

Kaki-Dressing

2 grüne Kardamomkapseln | ½–1 TL getrocknete
grüne Pfefferkörner | 1 unbehandelte Limette |
2 reife Kakifrüchte (ca. 350 g) | ½–1 TL Harissa-
paste | Meersalz | 2 TL Olivenöl

Für 4 Personen | ⊕ 15 Min. Zubereitung
Pro Portion ca. 90 kcal, 0 g EW, 3 g F, 12 g KH

1 Kardamomkapseln aufbrechen, die Samen und
Pfefferkörner im Mörser zerstoßen. Die Limette heiß
waschen und trocken reiben. 2 TL Schale abreiben,
2 EL Saft auspressen. Kakifrüchte schälen und
pürieren. Limettensaft, Limettenschale und Harissa
untermischen. Mit Salz, Kardamom und Pfeffer würzen. Das Öl tropfenweise unterschlagen.

PASST AM BESTEN ZU?
Radicchio, Feldsalat, Löwenzahn, Endivie, Friséesalat,
Batavia, Lollo rosso, Eichblattsalat

FEINE ERGÄNZUNG
Entenbrustfilet, gekochter Schinken, Bündner Fleisch

exotisch-fruchtig | süß-säuerlich

Mango-Sambal-Dressing

1 große reife Mango (250 g Fruchtfleisch) |
½–1 TL getrocknete grüne Pfefferkörner | 1 EL
Reisessig | 1 EL Ahornsirup | ½–1 TL Sambal
oelek (oder Currypulver) | Meersalz | 2 TL Mandel-
öl (oder Macadamiaöl)

Für 4 Personen | ⏱ 15 Min. Zubereitung
Pro Portion ca. 70 kcal, 0 g EW, 3 g F, 11 g KH

1 Mango schälen, das Fruchtfleisch vom Stein
schneiden, würfeln und pürieren, eventuell das
Püree durch ein Sieb streichen. Pfeffer im Mörser
grob zerstoßen. Das Fruchtpüree mit Essig, Ahornsirup und Sambal oelek mischen. Mit Salz und Pfeffer würzen. Das Öl tropfenweise unterschlagen.

PASST AM BESTEN ZU?
Friséesalat, Löwenzahn, Radicchio, Eichblattsalat, Lollo
rosso, Rote Bete

FEINE ERGÄNZUNG
Fischfilet, Garnelen, Schweinefilet, Koriandergrün

süßlich | scharf

Pflaumen-Ingwer-Dressing

15 g frischer Ingwer | 5 EL Pflaumenmus |
1 EL Apfelessig (oder Reisessig) | 3 EL Apfelsaft |
Meersalz | schwarzer Pfeffer aus der Mühle |
1 Msp. Ceylon-Zimtpulver | 2 TL Distelöl

Für 4 Personen | ⏱ 10 Min. Zubereitung
Pro Portion ca. 80 kcal, 0 g EW, 3 g F, 14 g KH

1 Den Ingwer schälen und sehr fein hacken. Das
Pflaumenmus mit Essig und Apfelsaft verrühren.
Mit Salz, Pfeffer und Zimtpulver würzen. Das Öl mit
dem Schneebesen tropfenweise unterschlagen und
den Ingwer untermischen.

PASST AM BESTEN ZU?
Radicchio, Rotkohl-Rohkost, Friséesalat

KLEINES EXTRA
Apfel, Birne, Petersilie

FEINE ERGÄNZUNG
Schweinebraten-Aufschnitt, Hähnchen- oder Kalbsleber

Orientalisches Dattel-Dressing

Duftender Zimt, aromatische Orangen, süße Datteln und herber Thymian sorgen für Geschmack und orientalisch-üppiges Aroma.

¼ l Orangensaft | 100 g Dattelpaste (orientalischer Lebensmittelladen) | 1 Bio-Limette | 3 Stängel Thymian | Meersalz | schwarzer Pfeffer aus der Mühle | 1–2 Msp. Cayennepfeffer | 1–2 Msp. Zimtpulver | 2 TL Olivenöl (oder Arganöl)

Für 4 Personen | 🕙 20 Min. Zubereitung
Pro Portion ca. 140 kcal, 0 g EW, 3 g F, 28 g KH

1 Den Orangensaft aufkochen lassen. Die Dattelpaste in Stückchen schneiden, zugeben, unter Rühren schmelzen und etwa 10 Min. köcheln und dabei etwas eindicken lassen. Dann abkühlen lassen.

2 Inzwischen die Limette heiß waschen und trocken reiben. 2 TL Schale abreiben, 3 TL Saft auspressen. Den Thymian abbrausen und trocken tupfen, die Blättchen abstreifen und hacken. Das abgekühlte Dressing mit Limettensaft, Salz, Pfeffer, Cayennepfeffer und Zimtpulver kräftig abschme-

cken. Das Öl unterschlagen, Limettenschale und Thymian untermischen.

PASST AM BESTEN ZU?
Chicorée (mit Orangenfilets und roten Zwiebeln wie im Bild), Radicchio, Rucola, Möhren

FEINE ERGÄNZUNG
Bündner Fleisch, Roastbeef, Hähnchenbrustfilet

VARIANTEN
Olivenöl durch Walnussöl ersetzen. Zusätzlich mit gehackten Walnusskernen bestreuen. Statt Dattelpaste feste Datteln (frische Datteln sind nicht so gut geeignet) eventuell häuten, dann entkernen und pürieren.

SERVIER-TIPP
Die Sauce schmeckt auch heiß sehr gut zu Couscous und Lammfleisch.

edel | hocharomatisch

edel | hocharomatisch

Espresso-Dressing

300 ml Orangensaft | 1 EL brauner Zucker | 3 TL Espressobohnen | ½ TL Vanillemark | Meersalz | schwarzer Pfeffer | 1 Msp. Cayennepfeffer (oder Chili Ancho) | 2 EL Walnussöl (oder Arganöl)

Für 4 Personen | ⏲ 25 Min. Zubereitung
Pro Portion ca. 90 kcal, 1 g EW, 5 g F, 10 g KH

1 Orangensaft mit Zucker aufkochen und auf ca. 80 ml sirupartig einkochen, dann abkühlen lassen. Espressobohnen frisch mahlen, aus 2 TL mit wenig Wasser einen starken Espresso aufbrühen, den Rest beiseitestellen. Sirup und Espresso mischen. Vanillemark und restliches Espressopulver untermischen. Mit Salz, Pfeffer und Cayennepfeffer würzen. Das Öl nach und nach unterschlagen.

PASST AM BESTEN ZU?
Salat-Bouquets zu feinen Vorspeisen (im Bild)

FEINE ERGÄNZUNG
Rinderfilet, Entenbrust, Rehrücken, gebratene Steinpilze

gewürzbetont | fruchtig

Aprikosen-Dressing

75 g getrocknete Softaprikosen | 150 ml Geflü-gel- oder Gemüsefond | 100 ml Orangensaft | 1 TL Sherryessig | Meersalz | schwarzer Pfeffer | 1 Msp. Zimtpulver | 1 Msp. gemahlener Piment | Cayennepfeffer | 2 TL Walnussöl (oder Arganöl)

Für 4 Personen | ⏲ 25 Min. Zubereitung
Pro Portion ca. 120 kcal, 1 g EW, 3 g F, 19 g KH

1 Aprikosen mit Fond und Orangensaft aufkochen, dann 10–15 Min. köcheln und im Sud abkühlen lassen. Fein pürieren, eventuell mehr Fond oder Orangensaft zugeben. Aprikosenpüree mit Essig verrühren. Mit Salz, Pfeffer, Zimtpulver, Piment und Cayennepfeffer kräftig würzen. Das Öl tropfenweise unterschlagen.

PASST AM BESTEN ZU?
Romanasalat (im Bild), Möhren, Feldsalat

KLEINES EXTRA
Pinien- oder Pistazienkerne, Thymian, Minze, Petersilie

sehr erfrischend | knackig

Apfel-Chili-Dressing

2 Stangen Staudensellerie
2 Stängel Minze
1 rote Chilischote
½ Apfel | 2 EL Apfelessig
2 EL Zucker | 6 EL Apfelsaft
1 EL Traubenkernöl
Meersalz | schwarzer Pfeffer aus der Mühle

Für 4 Personen | ⊕ 20 Min. Zubereitung
Pro Portion ca. 70 kcal, 0 g EW, 3 g F, 12 g KH

1 Sellerie waschen, putzen, längs in feine Streifen schneiden, diese klein würfeln. Minze abbrausen und trocken tupfen, die Blättchen abzupfen, übereinander legen, erst in Streifen, dann in Stückchen schneiden. Die Chilischote längs halbieren, putzen, waschen und fein würfeln. Den Apfel waschen, entkernen und mit Schale in winzige Würfel schneiden.

2 Apfelessig und Zucker verrühren, bis er sich gelöst hat. Mit Apfelsaft mischen und das Öl unterschlagen. Apfelwürfel, Chili, Sellerie und Minze unterrühren. Mit Salz und Pfeffer würzen.

PASST AM BESTEN ZU?
Krautsalat, Linsen, Gemüsestreifen mit Glasnudeln

FEINE ERGÄNZUNG
Tafelspitz, Roastbeef-Aufschnitt

PASSENDE KRÄUTER
Kresse, Petersilie, Schnittlauch, Koriandergrün

VARIANTEN
Staudensellerie durch Frühlingszwiebeln oder rote Zwiebeln ersetzen. Toll als Dip zu frischen Frühlingsrollen.

mild-fruchtig | aromatisch

Apfel-Sherry-Dressing

250 g Äpfel
2 TL Rapsöl
2 TL brauner Zucker
50 ml Gemüse- oder Geflügelfond
2 EL Sherry
1 EL Sherryessig
1 EL Ahornsirup
Meersalz
schwarzer Pfeffer aus der Mühle
Cayennepfeffer
2 TL Haselnussöl (oder Walnussöl)

Für 4 Personen | ⊕ 25 Min. Zubereitung
Pro Portion ca. 120 kcal, 0 g EW, 5 g F, 13 g KH

1 Die Äpfel schälen, vierteln, entkernen und in Stückchen schneiden. Das Rapsöl erhitzen, die Apfelstückchen darin kurz andünsten und in etwa 10 Min. weich dünsten. Mit dem Zucker bestreuen und unter Rühren karamellisieren lassen. Den Fond und Sherry dazugießen. Die Äpfel mit dem Pürierstab fein pürieren und etwas abkühlen lassen.

2 Essig und Ahornsirup unter das Apfelpüree mischen, mit Salz, Pfeffer und Cayennepfeffer würzen. Das Haselnussöl tropfenweise unterschlagen.

PASST AM BESTEN ZU?
Lauch, Rucola, Eichblattsalat, Friséesalat

FEINE ERGÄNZUNG
Avocado

PASSENDE KRÄUTER
Petersilie, Schnittlauch, Kresse

asiatisch-würzig | ganz ohne Öl

Soja-Wasabi-Dressing

Auch wenn Fett normalerweise ein guter Geschmacksträger ist – dieses kräftige und würzige Japan-Dressing kommt ohne Öl aus!

1 Stück frischer Ingwer (walnussgroß)
2 Frühlingszwiebeln
½ Bund Koriandergrün
½ TL Kräutersalz
1 TL Zucker
3 EL Reisessig
1 TL Wasabipaste (japanischer Meerrettich)
5 EL helle Sojasauce
2 EL Gemüsebrühe

Für 4 Personen | ⏱ 15 Min. Zubereitung
Pro Portion ca. 20 kcal, 1 g EW, 1 g F, 4 g KH

1 Den Ingwer schälen und in millimeterfeine Würfelchen schneiden. Die Frühlingszwiebeln putzen, waschen und sehr fein hacken. Das Koriandergrün waschen und trocken tupfen. Die Blättchen und die zarten Stängel fein hacken.

2 Salz und Zucker mit dem Reisessig mischen und unter Rühren auflösen. Den Wasabi zugeben und gründlich mischen, Sojasauce und Brühe zugeben. Ingwer, Zwiebel und Koriandergrün unterheben.

PASST AM BESTEN ZU?
Gurken, Weißkohl- und Möhrenstreifen, grünen Bohnen (im Bild), blanchierten Blumenkohlröschen

KLEINES EXTRA
1–2 TL dunkles Sesamöl unterschlagen, geröstete Sesamsaat, fein gehackte rote Chilischote, fein gehackter Knoblauch

FEINE ERGÄNZUNG
roher Lachs oder Thunfisch, Garnelen

süß-scharf | ganz ohne Öl

Honig-Senf-Dressing

2 EL Dijonsenf | 2 EL Akazienhonig | 2 EL Aceto balsamico | 6 EL Geflügel- oder Gemüsebrühe | Meersalz (nach Belieben) | schwarzer Pfeffer

Für 4 Personen | ⏱ 5 Min. Zubereitung
Pro Portion ca. 40 kcal, 0 g EW, 1 g F, 9 g KH

1 Senf und Honig verrühren. Erst den Essig, dann nach und nach die Brühe unterrühren. Eventuell etwas nachsalzen und mit Pfeffer würzen.

PASST AM BESTEN ZU?
allen Blattsalaten, gegrilltem oder gedämpftem Gemüse

FEINE ERGÄNZUNG
Entenbrust, Räucherlachs, gedämpftes Fischfilet

PASSENDE KRÄUTER
Schnittlauch, Kresse, Petersilie

VARIANTE
Für eine helles, cremefarbenes Dressing zu Fisch Aceto balsamico durch weißen Aceto balsamico ersetzen.

erfrischend | süß-säuerlich

Rote-Bete-Dressing

150 g Rote Bete (vorgegart) | 50 ml Gemüsefond | 1–1 ½ EL Apfelessig | 2 EL Apfeldicksaft | 1 EL Zucker | Meersalz | grüner Pfeffer aus der Mühle | 1 ½ EL Sonnenblumenkernöl | 4 Stängel Dill

Für 4 Personen | ⏱ 10 Min. Zubereitung
Pro Portion ca. 90 kcal, 1 g EW, 4 g F, 12 g KH

1 Die Roten Beten grob würfeln, mit Fond, Essig und Apfeldicksaft fein pürieren. Das Püree mit Zucker, Salz und Pfeffer würzen. Das Öl tropfenweise unterschlagen. Dill abbrausen, trocken tupfen, fein hacken und unter das Dressing mischen.

PASST AM BESTEN ZU?
Salat aus Apfel und Linsen, Pellkartoffeln

FEINE ERGÄNZUNG
Matjesfilet

AUSTAUSCH-TIPP
Das Öl durch Crème fraîche ersetzen.

frisch & leicht

Mozzarella mit Mango und Rucola

Das Sieger-Rezept des Großen GU-Rezeptwettbewerbs auf küchengötter.de! Mit ihrer erfrischenden Salatidee überzeugte Küchengöttin Maren Grau die Kochbuchredaktion.

200 g Rucola
½ Bund Basilikum
3 Frühlingszwiebeln
1 reife Mango
200 g Mozzarella
3 EL Orangenessig (oder weißer Balsamico)
2 TL Honig
5 EL Olivenöl
Salz | schwarzer Pfeffer aus der Mühle

Für 4 Personen | ⏱ 15 Min. Zubereitungszeit
Pro Portion ca. 270 kcal, 12 g EW, 21 g F, 8 g KH

1 Den Rucola waschen, putzen, trocken schleudern und mundgerecht zerzupfen. Basilikum waschen, trocken schütteln und die Blätter abzupfen. Die Frühlingszwiebeln putzen, waschen und schräg in Ringe schneiden.

2 Die Mango schälen, das Fruchtfleisch vom Stein schneiden und in dünne Spalten schneiden. Den Mozzarella abtropfen lassen, quer halbieren und die Hälften in Scheiben schneiden.

3 Rucola und Basilikumblätter mischen. Mit Mozzarellascheiben, Mangostreifen und Frühlingszwiebeln auf einer Platte dekorativ anrichten.

4 Für das Dressing Essig und 1 EL Wasser mit dem Honig verrühren. Das Öl mit einem Schneebesen unterschlagen. Mit Salz und Pfeffer aus der Mühle kräftig würzen.

UND DAZU?
Ciabatta, Baguette, Fladenbrot oder aromatisiertes Brot, z. B. mit getrockneten Tomaten

AUSTAUSCH-TIPP
Mozzarella gibt es inzwischen auch als kleine Kugeln für Salat, als Stange oder fettreduziert als Light-Mozzarella. Wer es edler haben möchte, nimmt Büffelmozzarella. Er ist dreimal so teuer wie normaler Mozzarella, hat eine andere Konsistenz und einen milden Geschmack.

küchen götter
powered by GU

Sie haben auch ein tolles Rezept? Dann machen Sie mit bei:
www.küchengötter.de

Unsere Garantie

Alle Informationen in diesem Ratgeber sind sorgfältig und gewissenhaft geprüft. Sollte dennoch einmal ein Fehler enthalten sein, schicken Sie uns das Buch mit dem entsprechenden Hinweis an unseren Leserservice zurück. Wir tauschen Ihnen den GU-Ratgeber gegen einen anderen zum gleichen oder ähnlichen Thema um.

Liebe Leserin und lieber Leser,

wir freuen uns, dass Sie sich für ein GU-Buch entschieden haben. Mit Ihrem Kauf setzen Sie auf die Qualität, Kompetenz und Aktualität unserer Ratgeber. Dafür sagen wir Danke! Wir wollen als führender Ratgeberverlag noch besser werden. Daher ist uns Ihre Meinung wichtig. Bitte senden Sie uns Ihre Anregungen, Ihre Kritik oder Ihr Lob zu unseren Büchern. Haben Sie Fragen oder benötigen Sie weiteren Rat zum Thema? Wir freuen uns auf Ihre Nachricht!

Wir sind für Sie da!
Montag – Donnerstag: 8.00 – 18.00 Uhr;
Freitag: 8.00 – 16.00 Uhr *(0,14 €/Min. aus
Tel.: 0180 - 5 00 50 54* dem dt. Festnetz/
Mobilfunkpreise
Fax: 0180 - 5 01 20 54* maximal 0,42 €/Min.)
E-Mail:
leserservice@graefe-und-unzer.de

P.S.: Wollen Sie noch mehr Aktuelles von GU wissen, dann abonnieren Sie doch unseren kostenlosen GU-Online-Newsletter und/oder unsere kostenlosen Kundenmagazine.

GRÄFE UND UNZER VERLAG
Leserservice
Postfach 86 03 13
81630 München

© 2009
GRÄFE UND UNZER VERLAG GmbH, München

Projektleitung: Susanne Lang
Lektorat: Maryna Zimdars
Layout, Typografie und Umschlaggestaltung: independent Medien-Design, Horst Moser, München
Satz: Liebl Satz+Grafik, Emmering
Herstellung: Claudia Labahn
Reproduktion:
Repro Ludwig, Zell am See
Druck: Firmengruppe APPL, aprinta druck, Wemding
Bindung: Firmengruppe APPL, sellier druck, Freising

Syndication: www.jalag-syndication.de

ISBN 978-3-8338-1429-7

6. Auflage 2012

Umwelthinweis

Dieses Buch ist auf PEFC-zertifiziertem Papier aus nachhaltiger Waldwirtschaft gedruckt.

Die Autorin

Bettina Mathaei, Kochbuchautorin und Fachjournalistin (Mitglied im Food Editors Club), hat eine besondere Leidenschaft für Gewürze. Außerdem hält sie Vorträge und veranstaltet Workshops zu diesem Thema. Ihre aromatischen Gewürzmischungen kann man online bestellen unter www.1001gewuerze.de

Der Fotograf

Wolfgang Schardt kann seine Liebe für Essen und Trinken beruflich ausleben. In seinem Studio in Hamburg fotografiert er vor allem Food, Stills und Interieur für Magazine wie FEINSCHMECKER, für Verlage und Werbung. Unterstützt wurde er von Anne-Katrin Weber und Miriam Geyer, die für das Foodstyling und die Requisite verantwortlich waren.

Bildnachweis

Titelfoto: Jörn Rynio, Hamburg; alle anderen: Wolfgang Schardt, Hamburg

Titelbildrezepte

Preiselbeer-Dressing (S. 32), Rote-Bete-Dressing (S. 57), Pistazien-Vinaigrette (S. 21), Minze-Joghurt-Dressing (S. 31), Aprikosen-Dressing (S. 53)

GRÄFE UND UNZER

Ein Unternehmen der
GANSKE VERLAGSGRUPPE

Appetit auf mehr?

1 Lunchbox – 50 Rezepte

ISBN 978-3-8338-1872-1

Salate

ISBN 978-3-8338-0326-0

Niedrig-temperaturgaren

ISBN 978-3-8338-0996-5

Zucchini & Auberginen

ISBN 978-3-8338-0329-1

Geschenke aus der Küche

ISBN 978-3-8338-1477-8

Fingerfood

ISBN 978-3-8338-1629-1

www.gu.de: Blättern Sie in unseren Büchern, entdecken Sie wertvolle Hintergrundinformationen sowie unsere Neuerscheinungen.

Willkommen im Leben.

Feine Extras und **Toppings**

Croûtons lassen sich unterschiedlich zubereiten: Pro Person ½–1 Scheibe Toastbrot oder helles Sauerteigbrot entrinden, etwa 1 cm klein würfeln und unter Wenden ohne Fett goldbraun rösten. Gebraten in etwas Butter, Olivenöl oder einer Mischung aus Butter und Öl sind sie noch geschmackvoller.

Knoblauch-Croûtons passen gut auf mediterrane Salate oder Tomatensalate. 3–4 Knoblauchzehen flach drücken, in Olivenöl kurz anbraten, herausnehmen, Weißbrotwürfel im Öl goldbraun und knusprig braten. Auf Küchenpapier abtropfen lassen, mit Meersalz bestreuen. Mit fein geriebenem Parmesan bestreut schmecken sie würziger.

Gewürz-Croûtons Brotwürfel in Öl braten. Fein gehackten Knoblauch und 1 TL Cuminsamen zugeben, unter Rühren weiterbraten, bis die Croûtons goldbraun sind. Mit ½ TL Currypulver oder Garam Masala bestreuen, kurz weiterbraten. Herausnehmen und mit etwas Salz bestreuen.

Käse, Sardellen, Eier & Oliven Fetakäsewürfelchen, Pecorinobröckchen, Parmesanspäne oder Ziegenfrischkäsescheibchen bringen Würze und machen aus einem kleinen Salat eine Hauptmahlzeit. Für einen kräftigen Geschmack sorgen Sardellenfilets, sonnengetrocknete Tomaten und Oliven. Gekochte Eier halten sanft dagegen (Bild 1).

Nüsse und Samen bringen Biss und Aroma auf den Salat: Nahezu alle Nusskerne eignen sich. Besonders fein wird's, wenn Öl und Nüsse aufeinander abgestimmt sind: Walnusskerne auf Walnussöl, Haselnusskerne auf Haselnussöl oder Kürbiskerne auf Kürbiskernöl. Sehr edel, aber etwas teurer: geröstete Pinienkerne. Preiswerter und genauso köstlich sind geröstete Sonnenblumenkerne oder Sesamsaat (Bild 2).

Sprossen & Keimlinge Vitaminreich und nahezu kalorienfrei sind süßlich-knackige Mungbohnen-, fein-würzige Alfalfa-, scharfe Senfsprossen, herzhaft-würziger Bockshornklee, scharfe Radieschen- und Rettich-Sprossen und mild würzige Keimlinge aus Sonnenblumenkernen, Kichererbsen oder Weizenkörnern (Bild 3). Man kann sie als einzelne Sorte oder in Mischungen fertig kaufen oder in einem Keimgerät auf der Fensterbank ziehen.